13+1 体系
打造持续健康的组织

The 13+1 System

How to Build
A Sustainable Organization

黄旭 著

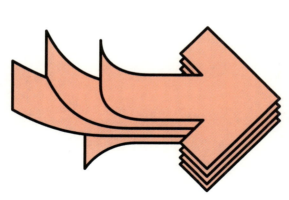

机械工业出版社
China Machine Press

图书在版编目（CIP）数据

13+1体系：打造持续健康的组织 / 黄旭著 . —北京：机械工业出版社，2021.1（2023.9重印）

ISBN 978-7-111-67202-9

I. 1… II. 黄… III. 企业管理 IV. F272

中国版本图书馆 CIP 数据核字（2020）第 257206 号

13+1 体系：打造持续健康的组织

出版发行：机械工业出版社（北京市西城区百万庄大街 22 号 邮政编码：100037）	
责任编辑：李文静	责任校对：马荣敏
印　　刷：保定市中画美凯印刷有限公司	版　　次：2023 年 9 月第 1 版第 14 次印刷
开　　本：170mm×230mm　1/16	印　　张：19
书　　号：ISBN 978-7-111-67202-9	定　　价：79.00 元

客服电话：（010）88361066　68326294

版权所有・侵权必究
封底无防伪标均为盗版

致谢

感谢冯子豪同学的推荐、肖知兴老师的邀请，以及朱小斌老师和领教工坊小伙伴们的帮助！

感谢领教工坊的领教、组员、学员的支持！

愿"13+1"能够帮助更多的企业老板、管理者增强管理信心，提升公司业绩！

致谢

序章　让我们开始吧　/ 1

一、精神层面

模块 1　使命　/ 34

模块 2　愿景　/ 52

模块 3　价值观　/ 67

二、商业层面

模块 4　战略　/ 90

模块 5　三年规划　/ 105

模块 6　一年 1～3 件事　/ 118

三、组织保障层面

模块 7　架构　/ 140

模块 8　KPI　/ 154

模块 9　计划　/ 171

模块 10　激励　/ 183

四、执行力层面

模块 11　沟通　/ 210

模块 12 考核　／ 226

模块 13 人才盘点　／ 243

模块 +1 领导力　／ 266

结语　开始做吧　／ 284

附录　／ 290

赞誉　／ 293

序章

让我们开始吧

作为一个企业的一把手或者高管,你是否会有以下问题:

- 参加各种培训,看各种书,上EMBA,学习各种管理知识,到底哪些是最基本的?哪些是最重要的?
- 这些重要的点之间有什么逻辑关系?谁先谁后?怎么串起来?
- 同一个管理团队的成员对管理的理解是千差万别的。如何才能统一团队的管理语言,提高沟通和决策效率呢?
- 如何让管理接地气,如何落地,如何实操?

除了上面的框架性问题,还有更具体的:

- 使命、愿景和价值观这些一定要确定并落地实施吗?有用吗?
- 什么是"271"(差异化管理)?一定要做吗?要制定"271"的评价标准吗?
- 战略和使命、愿景有什么关系?战略确定了之后要做什么?
- 战略和组织的关系是怎样的?组织工作具体是要抓什么?
- 什么是好的KPI(关键绩效指标)?绩效管理到底要从哪儿抓起?CEO也要被考核KPI吗?班子呢?制定了KPI之后,在执行之前,还要做什么?

- 激励怎么做？激励要瞄准的靶子是什么？
- 战略如何落地？如何抓企业的执行力？
- 什么是公司最重要的会议？多久开一次？怎么开？
- 如何做好管理层和员工的考核？
- 人才盘点到底要盘点哪些人？人才盘点的目的是什么？

如果以上这些是你关心的话题，那么"13+1"体系一定能够帮助你。

下面，我会具体阐述以下 4 个问题：

（1）"13+1"是怎么来的。
（2）什么是"13+1"。
（3）"13+1"有什么特点。
（4）"13+1"适合谁，以及如何学。

1. "13+1"是怎么来的

"13+1"是多种因素促成的结果。在构造这个体系的过程中，我思考了很多问题。下面，我分模块地讲述一下自己的心路历程。

（1）思考：一个组织如何持续健康发展？公司如何抓 HR，或 HR 如何帮助企业？

2003～2005 年我在中欧国际工商学院读 EMBA 时，那里最好的三个人力资源专业的教授分别是顾教授、杨教授、忻教授。听课时大家感觉很开心、很好玩，但听完课还是不知道具体怎么用。当时我就

序章　让我们开始吧

想，作为班里唯一从事人力资源工作的我，要如何给身为老板的同学们分享人力资源管理的知识，我要讲什么？怎么才能通俗易懂地给这些同学提供真正好用的、可实战的抓手？

在中欧国际工商学院读书的两年间，很多同学都来和我讨论他们公司的组织和人的问题。毕业后，我也正式开始为校友的企业提供人力资源咨询服务。

（2）正确的解决问题的思考顺序：战略 > 组织 > 人。

考虑企业问题的第一顺序不应该是先考虑人。正确的顺序应该是**战略 > 组织 > 人**。也就是说，考虑人的问题之前，先考虑组织的问题。考虑组织的问题之前，先考虑战略的问题。再喜欢的人，在组织里不合适，那就不合适；再不喜欢的人，在组织里最合适，那就最合适。同样，考虑组织的问题之前，应该先考虑好战略的问题；战略是否清晰、是否想清楚了，然后才是组织如何去匹配、去支持战略的实施。

"战略 > 组织 > 人"是这本书要掌握的第一个知识点，也是"13+1"背后的逻辑。

（当然也有人会说应该反过来：人决定组织，组织决定战略。我觉得这样思考比较被动，会往小处想。战略到组织再到人，是从大处想，从上至下。总之，需要思考三者的顺序和关联度。）

当时能体现战略 > 组织 > 人的最好的工具就是平衡计分卡，这也是我当时做咨询的主要工具。

（3）平衡计分卡太复杂。

平衡计分卡的应用实在太复杂啦。我经常加班到凌晨 3 点为客户准备资料，这些资料已经简化到不能再简化了，但到了客户那里还是有各种各样的不理解。一句话，还是不好用。客户反而更喜欢我每次留给他们的会后作业，即用一封邮件总结、提醒他们要抓的 1～3 件事。

隐隐约约地，我开始思考和寻找更简化、更好用的方法。

（4）自己整理出一个"13+1"体系。

2012 年 1 月我加入嘉御基金时，创始人卫哲先生要求我们每个合伙人都把自己的"几把刷子"整理出来。负责人力资源体系的我，整理出了在企业管理中最重要的 10 个模块并将其构建为一个体系，当时称之为"十颗珍珠，一串项链"。

随着这 10 个模块的不断成熟，我又把这个体系从 10 个模块扩展到 13 个模块，改名为"寻找和建设一个持续健康的组织"，一个既空洞又拗口的名字，一个除了我没有人能记得住的名字。

（5）关于"+1 领导力"模块。

我在沃尔玛、阿里巴巴都从事过和领导力相关的工作（高管的评估、晋升等）。在整理这个体系时，我觉得领导力太空洞，当时就没有放进去。

后来我在嘉御基金工作时发现，企业即使有了好的战略和计划，往往还缺好的领导力，我就又增加了"领导力"模块。至此，一共是 14 个模块。

本来我想用"1+13"，即"领导力"放在第一位以凸显其重要性，但卫哲先生给了我一个更好的建议——"13+1"。"领导力"相当于高

序章　让我们开始吧

尔夫里的推杆，是那个最后推球入洞的推杆，属于执行力层面（后面我会介绍，"13+1"包括精神层面、商业层面、组织保障层面和执行力层面四个层面）。

我觉得他的建议是对的，于是这套体系就成了"13+1"。

这个体系是我在嘉御基金工作的主要逻辑框架，用来为投资前的企业进行评估和投资后的企业提供人力资源服务，其中一些概念成了基金内部的管理工作方法，如每年年初和各企业老板沟通确认在新的一年里他们最重要的1～3件事，这样为每个项目的月度管理提供主线。

（6）普及和推广"13+1"。

我在中欧国际工商学院的一个同班同学冯子豪先生是领教工坊私董会最早的组员。他2012年推荐我去给领教工坊的老板学员们讲一讲平衡计分卡。我去那儿跟他们说："我不讲平衡计分卡了，因为那个太难用，你们也别用了，我介绍一下我的'13+1'吧。"

从那以后，越来越多的小组邀请我去分享。随着越来越多的人知道和使用这个体系，大家真正记得的名字不是拗口的"寻找和建设一个持续健康的组织"，而是"13+1"。后来"13+1"就自然而然地成了固定的名字。

到了2017年，工坊的组员觉得除了他们作为老板的要进步，也希望工坊为组员企业的高管们提供这样的服务，因此我们开设了组织能力特训营。我和其他三位老师分别讲与组织相关的不同话题，其中"13+1"是每一期的头一讲。

说是特训营，其实更像是一个工作坊（workshop）。我们也在持续改进中。从最初每个企业来一两个人，到现在要求至少"1+4"，即老板加至少四个核心班子成员。到现在已经开了十多期，有的企业已经派来两批学员，每个企业一般都有 5～8 人参加，最多的一次，有一个企业派来了 12 人。

我每次在莫干山上课的三天两夜里，白天一个模块一个模块地讲，每讲完一两个模块，每家公司就开始自己的内部讨论、消化，然后再汇报和反馈。

晚上各个企业会再趁热打铁，内部会议往往开到晚上十一二点，甚至更晚。

几年下来，我在领教工坊前前后后向 140 多位老板、500 多位高管介绍和普及了"13+1"体系。很多企业已经把其中一部分或整个体系变成了公司管理模式中的一部分。

在我分享完"13+1"体系后，经常会有听众来问哪里可以买到这本书。所以我现在把"13+1"的内容写出来，让更多的人能接触到，看看这个是不是一个简单好用的管理方法。

愿越来越多的企业管理者能接触到"13+1"，前提是这个东西真的有用、真的好用。

2. 什么是"13+1"

在介绍"13+1"之前，我先讲一下"战略＞组织＞人"以及管理的"两只手"，因为这两点是"13+1"背后的逻辑。

序章　让我们开始吧

（1）关注：**战略＞组织＞人**。战略＞组织＞人是"13+1"的第一个知识点。也就是说我们考虑人的问题，要放在组织的框架下考虑；考虑组织的问题，要放在战略的框架下考虑。考虑企业问题的顺序永远是从战略到组织再到人，这就是"13+1"的逻辑。

（2）两只手：**一手抓事，一手抓人**。我们每个人都有两只手，都在用两只手，无论你是左撇子还是右撇子。在管理上，我们其实也有两只手，也要使用好两只手：一手抓事，一手抓人。这两只手是相互关联的，一方面我们是通过人去做事，另一方面我们是通过做事去判断人。我们不能只会抓事，不会抓人；或者只会抓人，不会抓事。

我看到很多管理者只会用一只手，忽略了另外一只手。无论以前怎样，从现在开始，各位就应该知道管理要用好两只手。这是"13+1"的第二个知识点，也是"13+1"背后的逻辑。

由于工作关系，我始终要考虑的问题是：一个组织如何能活得更久，能活得更健康，如何能持续发展，以及怎么能帮助企业抓住最最重要的东西？

回顾和整理过去20多年的工作经验，我把那些我认为最核心、最重要的模块整理出来，总结出了一个体系，共"13+1"个模块（见图0-1）。

为方便大家理解和掌握，我把"13+1"从上到下划分成四个层面：精神层面、商业层面、组织保障层面和执行力层面。

下面简单介绍这四个层面和"13+1"个模块：

第一，精神层面：使命（模块1）、愿景（模块2）、价值观（模块3）。

图0-1 "13+1"体系

- "精神层面"决定了企业的高度,决定了一个企业能做多大、能走多远、能活多久。
- 2017年之前,对于"精神层面"我只是简单介绍。因为我当时觉得这方面能做好的企业太少了,能做到的企业都是翡翠、玛瑙。但从2017年1月起,我的思想开始转变,觉得这个东西还是得说清楚,它非常重要,而且是能做到的,是有方法做到的。
- "使命"和"愿景"在很多企业里都会被搞混。这里我会给大家介绍简单的方法,让大家搞清楚、做明白。"使命"和"愿景"(以及"13+1"里的每个模块)其实都是管理的基本常识,都能非常好地帮助公司的管理,是一个个加分项。
- "价值观"在很多公司里都只是一句空洞的口号,并没有落到实处。价值观考核也是很多企业和我讨论的问题。我们看看如何把价值观这件事做得更接地气、更好用。

序章 让我们开始吧

第二，商业层面：战略（模块 4）、三年规划（模块 5）、一年 1～3 件事（模块 6）。

- 如果说"精神层面"是讲感性、讲感觉，那"商业层面"就是讲理性、讲逻辑。（不过身经百战的人，还会讲直觉。）
- "战略"模块是我接触的这么多企业里最大的瓶颈。很多企业往往在战略上思考不够，说不清楚，而战略问题如果说不清，组织和人的方向也都会瞄不准。
- 我不是战略专家，不过我也找到了一些通俗易懂的方法来帮助企业梳理战略。企业的战略越清楚，"13+1"才越能在组织和人方面帮上忙。
- 为了帮助企业把战略从虚做到实，企业需要把战略转化为三年规划，又称为"三块肉"（后面会有详细论述）。
- 定目标时，我碰到的企业最大的毛病是贪多。而我的建议是一年只确定 1～3 件事，一年只抓 1～3 件事。有本事的只提 1 件，没本事的提 2 件，最多提 3 件。

第三，组织保障层面：架构（模块 7）、KPI（模块 8）、计划（模块 9）、激励（模块 10）。

- 在阿里巴巴汇报商业计划时，别人通常会先看你的汇报后面有没有"组织保障"部分。如果没有，那他们就不会看了。
- 组织保障要关心 4 个方面："架构""KPI""计划"和"激励"，而且必须是按这个顺序，一环扣一环。
- "架构"是很多公司忽略的第一步。在多数情况下，企业没有意识到架构是一个很重要的管理工具，是要反映战略的变化的。

- "KPI"是我不喜欢的一个词，只是大家都熟悉这个词，所以这里沿用。不过在"13+1"里对 KPI 的定义和要求会很不一样。
- "计划"这个模块最早在 2012 年的版本里叫"预算"。因为"预算"并不能反映我要表达的内容，所以后面改称为"计划"。后面会对"计划"这个动作提具体的要求。
- "激励"是对员工最直接、最实在的认可。

第四，执行力层面：沟通（模块 11）、考核（模块 12）、人才盘点（模块 13）、领导力（模块 +1）。

- 关于执行力，市面上也有很多方法论的著作。我还是希望把它讲得更简单、更直接一些。这就是："沟通""考核""人才盘点"加"领导力"。
- "沟通"是抓过程管理。第一个就是要问公司日常管理中最重要的会议是哪一个？多久开一次？怎么开？
- "考核"是抓结果管理。打完牌，要算账，谁输谁赢，要买单！
- "人才盘点"就像我们每年要整理一下自己的书柜、衣柜，看看哪些书要看或者送人；哪些衣服要穿或者送人。每年除了战略复盘之外，还应该把人也盘点一下。这里会讲盘点谁、如何盘点，等等。
- 前面"价值观"模块是对全员的行为要求，而这里"领导力"模块是对班子的要求。在这个模块我们会聊一聊搭班子和对班子提要求，以及为什么"领导力"是那支推球入洞的推杆。

3. "13+1"有什么特点

以下是我在过去和企业互动中，发现和总结的"13+1"的特点。

序章　让我们开始吧

- "13+1"只讲管理的基础知识，是管理中的ABC。定位是管理上的小学基础教育，把最基础的管理知识整理出来，不讲高深的东西。我希望自己在管理上是一个称职的小学老师，把加减乘除给大家教明白。

- "13+1"的风格通俗易懂，说的都是"大白话"，目的就是要人人能听懂，要达到"你不会听不懂，只看你做不做"的效果。

- 为方便大家学习和理解以及应用，每个模块都包括what、why、how、案例和推荐，目的就是让大家更容易掌握每个模块的内容。

- "13+1"体系的意义在于帮助读者把管理的关键点串起来。很多知识大家或多或少都听说过，大家欠缺的是把这些点串起来，把相互关系顺序理清楚的能力。"13+1"的贡献就是把这些最重要的点整理成一个体系，并且把相互之间的逻辑说清楚。就像俄罗斯套娃，一个套一个，从上至下，从大至小。这样管理者可以更加体系化地思考公司的实际问题。

- 统一语言，提高效率。大家在一个班子里，往往语言不统一。即使在同一个商学院同一个班级读书，大家沟通起来也会发现，其实各自对很多东西的理解是不一样的。而实践证明，"13+1"能在很短的时间里（如三天两夜），就把最基本的管理知识说清楚，让班子拥有共同的语言基础，可以用"271"来讨论公司具体的问题。

- 内容不断迭代。每次和企业的互动，我都在不断运用、思考和完善，每一期都在进步、在进化，目的就是找到更简单的方法解决实际遇到的问题。

- 体检表。"13+1"很像一个通俗易懂的体检表。通过"13+1"

的梳理，我们能很快找到公司的瓶颈和需要解决的问题，帮助班子迅速达成共识。除此之外，在"13+1"的小组讨论过程中，我们还可以看到 CEO 和班子的互动情况。比如有的 CEO 很强势，话不停，而班子不出声。反过来，有的班子有很多想法和建议，却听不见 CEO 的声音。

- 以实践为目的。每个模块的学习，最后都要落在如何在企业里去实践、去应用、去带来效果上，而不是纸上谈兵。每个模块都有工作要做。

4. "13+1"适合谁，以及如何学

一般来说，当你的公司人员超过 100 人的时候，就应该要了解这些管理的基础知识了。这 100 人里，我最关心的首先是公司的老板，其次是公司管理班子（班子）。

我把老板、创始人、董事长、一把手、CEO，统称为 CEO。而他的直接下属、副总、VP、班子，可能是 4～5 个人，也可能是 8～9 个人，或 12～13 个人，统称为 Top10。Top10 中可能有 HR，也可能没有。

CEO 和 Top10 一直是我的关注对象和目标客户，"13+1"就是为他们设计和考虑的。

"13+1"最早有两个主旨，一个是"寻找和建设一个持续健康的组织"，而另一个就是"CEO 和 Top10 所必须掌握的管理 ABC"。

实践证明，最好的学习方法是 CEO 和 Top10 一起学。大家一起

序章　让我们开始吧

学习，能很快统一管理语言，大大提高沟通效率。

实践也证明，CEO 不学，企业的管理模式很难改变。如果这种情况发生，不如在更小的范围，如下属子公司的总经理和他的 Top10 一起学习和应用。

"13+1"的学习过程应分为以下三个阶段。

第一阶段：松松土——反思与探讨。每学习完一个模块，就应该趁热打铁，按照每个模块后面提出的问题来检验。一般建议大家一起思考 3 个问题：①讨论从这个模块中学到了什么。②这个模块我们哪里做对了，哪里不对，要不要改或怎么改。③对这个模块还有什么疑问。

第二阶段：初步形成一个体系。在完成所有模块的学习和讨论后，应该对"13+1"有了一个系统的了解，针对每个模块建立 Top10 的讨论笔记。通过整理这些笔记，公司就相当于做了一次系统的梳理。这样的梳理可以确保每个人都能搞懂这个框架，特别是逻辑顺序，确保内部讨论不变形。（我曾看到有些公司在内部讨论时，把谁说了什么都做了详细的记录。从这些记录里其实真能看到公司存在的问题和面临的机会。）每个班子的内部讨论，才是"13+1"最值钱的地方。

第三阶段：有了初步的体系后，需要确定下一步要着重解决哪一两个模块（或一两个问题）。"13+1"就像一个木桶有 14 块板，有长板、中板、短板，都重要，但不可能同时全面开花、全面展开。这时就要选出 1~2 个模块，发现其中的问题，花时间去深挖。

总之学习"13+1",应用才是目的。一把锁需要一把钥匙,一定要从实际出发。

每次在莫干山上课时,我都不断提醒大家:白天我带领大家针对每个模块进行的集体学习以及之后的各公司的讨论,都只是松松土,处于学习、理解、消化阶段(第一阶段)。真正最值钱的是晚上饭后各公司的讨论(第二阶段),以及离开莫干山之后对1~2个模块开始的深度实践(第三阶段)。

我的任务就是把"13+1"讲清楚,包括逻辑、顺序、关系,做到人人都能懂。

你的任务则是搞明白"13+1"的框架以及每一个模块的要点。CEO和Tcp10要一起逐个讨论和消化,最后选1~2个模块着手做。

在"13+1"的最后"开始做吧",我还会再次和各位讨论如何应用。

接着我会从上至下,一个层面一个层面地往下讲,一个模块一个模块地掰开讲。

在第1章开始前,请花些时间完成"让我们开始吧"最后的"13+1"热身题。请CEO和Top10成员每个人都做一下。这很重要!

如果这些问题是你关心的,那就对路了,因为这些问题正是这本书的每个模块所关心和要讨论的。

"13+1" 热身题

在我们正式开始之前,为了能帮助你进入"13+1"的学习状态,请回答以下问题。

一、请写下来:目前对于你的公司而言,你最想解决的问题是?

注:希望全部学习完"13+1"之后,你对这个问题已经有了解决思路。

"13+1" 热身题

13+1 体系
打造持续健康的组织

二、以下是我们学习"13+1"体系时会涉及的话题,请抽些时间回答。后面的讨论中会使用这些内容。

模块 1　使命

贵公司的使命是什么?

贵公司是如何在日常经营管理中运用"使命"的?它好用吗?

模块2　愿景

贵公司的愿景是什么？

贵公司是如何在日常经营管理中运用"愿景"的？它好用吗？

模块 3　价值观

贵公司的价值观是什么?

贵公司是如何在日常经营管理中运用"价值观"的?它好用吗?

模块 4　战略

请用一页纸写清楚贵公司的战略。

模块 5　三年规划

请描述未来三年贵公司的打算。这三年之间有什么衔接递进关系吗?

今年（20____年）：

明年（20____年）：

后年（20____年）：

三年之间的衔接递进关系是什么？

模块6 一年1～3件事

贵公司今年最重要的1～3件事是什么?（可以写1件或2件，最多3件。）这1～3件事和三年规划的联系是什么?

今年（20____年）:

第1件:

第2件:

第3件:

这1～3件事和三年规划的联系是什么？

模块 7　架构

贵公司的组织架构是怎样的？简单画出最重要的部分。

请说明这个架构是如何反映三年规划和一年 1～3 件事的。

模块 8　KPI

贵公司管理 Top10 成员（或最重要的几位）的 KPI 有哪些？每个人只列出最重要的 1～3 个。例如，张三：

（1）
（2）
（3）

他们的 KPI 加起来是否大于等于公司三年规划和一年 1～3 件事？

模块 9　计划

贵公司 Top 10 成员（或最重要的几位）是否都有年度工作计划，即描述他们打算如何完成 KPI，包括需要多少人、多少钱、多少时间去完成？CEO 对他们的计划是否检查过，是否有信心？

例如，张三，是否有计划：是 / 否；是否检查过：是 / 否；是否有信心：是 / 否。

模块 10　激励

贵公司今年激励的重点是什么？（请列出 1～3 条）

请说明今年的激励方案与贵公司三年规划和一年 1～3 件事的关系。

模块 11　沟通

贵公司最重要的例会是哪一次或哪两次？为什么？

贵公司是如何跟进 CEO 和 Top10 的 KPI 进展的？

模块 12　考核

贵公司对 CEO 和 Top10 是否进行考核？如何考核？（是 / 否，多久一次、哪几个关键步骤等。）

贵公司的考核是如何落实年初制订的激励的？（列出 1～3 条）激励效果是如何配合三年规划、一年 1～3 件事的？（列出 1～3 条）

模块 13　人才盘点

贵公司是否做过人才盘点？有什么收获或发现了什么问题？

（是/否；收获：1～3 条；问题：1～3 条）

人才盘点主要盘点哪些人？（列出 1～3 种人）盘点完之后要做什么？

（列出 1～3 件事）

模块 +1　领导力

作为 CEO，你清楚自己的长板、短板吗？知道自己擅长、不擅长什么吗？

作为 CEO，你对今天 Top10 每个成员的看法是什么？如何评价他们？他们的长板、短板是什么？（列出 1～3 条）

作为Top10成员，对CEO的期望有哪些？（列出1～3条）

最后三题，总结：

在"13+1"里，贵公司在哪几个模块做得较好？

贵公司在哪几个模块做得比较薄弱？

如果只选1～2个模块去提升，会是哪些模块？

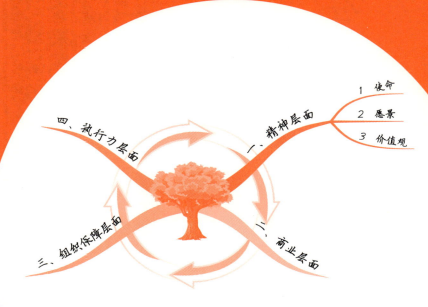

组织健康"13+1"

什么是使命、愿景、价值观?
三者的关系和区别是什么?

一、精神层面

模块1　使命
模块2　愿景
模块3　价值观

模块 1

使　命

文化三部分：使命、愿景、价值观

关于文化，可以找到很多定义，可以包含很多内容。因为"13+1"只讲最基础的管理知识，在文化上，我们只要先抓好"使命、愿景和价值观"这三样就足够了。

随着对"13+1"体系讲解的不断深入，我们要提到和要做到的文化还有很多，如"271"、一年1～3件事、如何制定KPI、怎么激励、怎么考核、如何进行人才盘点等，这些都是在建立打硬仗、干实事的文化。

这里我们先把精神层面的"使命""愿景"和"价值观"的内涵搞明白，将这三点真正落地运用起来。

模块 1 使 命

What：什么是使命

"使命"这个词的英文是"mission"，也有"任务"的含义。打游戏，每一关给你的任务就是一个mission。如电影《碟中谍》的英文原名 *Mission Impossible* 是指"不可能完成的任务"。

"使命"在中文里让人感觉是一个很大的词，而在英文里这个词用得很广、很普遍。比如人们会问，"你去北京的使命是什么？"（实际上就是问你去北京的任务是什么？）"我们来莫干山的使命是什么？"（为什么我们要来莫干山？），等等。

讲到"使命"，我总是用三个建筑工人的故事来说明。

在建筑工地上，有三个建筑工人。你问他们："你们在干什么呢？"第一个工人回答说："这不是人干的活儿，天气这么热，这活儿太辛苦了。"第二个工人回答说："为了老婆孩子，我在养家糊口啊！"第三个工人回答说："我在建世界上最漂亮的教堂！"三个人，三种感觉，三种状态。

第一种：眼睛里没光，只有负能量、消极情绪。在做"被迫的、不得已"的事情，说不出"为什么而做，要做什么"。长远来看，随波逐流，没有方向感。属于不靠谱、不担当、不负责。这种人还有一个特征就是"从来不差理由"。

第二种：眼睛里有光，有责任，有方向。有人为了家人会说"我要努力工作、努力挣钱"等，属于靠谱、担当、负责，至少有小目标、小追求。

第一种和第二种的区别是无和有的区别，或者是负和正的区别。

第三种：有使命感、宏大的目标和长远的追求（something bigger than yourself）。比如马云做电商、乔布斯做iPhone、任正非做5G等，属于大靠谱、大担当、大责任、大梦想。

第二种和第三种的区别是：小和大的区别，1和10、100、1000甚至10 000的区别。

我们做人或做公司别做第一种，至少做第二种，最好能做第三种。

我们可以不断问自己"每天上班来干什么""为什么要做这家公司""为什么写这本书"，等等。你处在哪个状态呢？是第一种"这不是人干的活儿"，还是第二种"在养家糊口啊"，还是第三种"在建世界上最漂亮的教堂"？希望你至少是第二种，最好是第三种。

这几种状态，其实就是你的使命感。

使命就是要说明**公司是干什么的，以及为什么要干**。为什么比干什么还重要！

我们要做的这件事应该是一件非常有意思、有价值的事。这事可能需要我们花10年、20年，甚至一辈子的时间去做。这是我们的人生价值所在，是我们的事业。

拥有使命感是那种"晚上睡觉都在想着，早上一起来就去干"的感觉，是每当说起来眼睛里有光的那种状态。

其实使命这个雪球是一点点滚大的。在任正非会见索尼CEO吉田

模块 1 使 命

宪一郎的会谈纪要（2019年2月）[1]中提到，任正非曾被问到是否一开始就想把企业做到世界第一的厂家。任正非回答：

没有。40多岁创业是因为我的人生换了一次轨道，大裁军整建制地把我们部队裁掉，我们只能走向市场经济。从军队转业的我，不熟悉市场经济，活不下去，必须要找一条活路。被裁军以后，命运（生活）是很难的，我是有亲身体会的。当时是如何求生存的问题。从人生的高位跌到谷底，我自己要生存，还要养活（赡养）父母，（养活）老婆、孩子，找不到地方用我，我也不甘心，就只有走向创业。

Why：为什么使命重要

（1）志不立，天下无可成之事。

我有一个同学受王阳明影响很大。一次他专门来杭州，让我陪他去看了王阳明的故居。在他的影响下，我也开始了解王阳明。我对他印象最深的就是他说的这句话：

志不立，天下无可成之事。

我对王阳明了解有限，但对他这句话非常认同。我的理解是立志很重要。没有志，你什么也做不成。我常用这句话来提醒我自己和我的小孩。

---

[1] 资料来源：平视日本．任正非对话索尼CEO［Z/OL］.（2019-02-18）. https://tech.qq.com/a/20190218/002440.htm。

王阳明从小立大志。12岁的时候,他就问他的老师:"什么是人生第一等事?"那个老师就说:"读书当状元是人生第一等事。"而王阳明反驳老师说:"读书当状元不是第一等大事,成为圣贤之人才是。"普通人读书就是为了能当官,能出人头地,而王阳明不是,所以他注定不是普通人。

立志做圣贤的王阳明,为了能够报效国家,开始学习射箭、兵法,还孤身去边疆考察。后来做官被贬,龙场悟道。这之后,他曾在江西剿匪,在鄱阳湖平定宁王朱宸濠之乱,在绍兴立院讲学,位至两广总督。最后病逝归途,留下遗言"此心光明,亦复何言"。王阳明用传奇的一生追求做圣贤,成了一位影响世界的思想家、军事家。

明确使命,就是明志,明确方向。

我们为公司制定使命,就是要告诉大家(主要是员工、客户、供应商)我们是做什么的,以及为什么要做。

要立大志!使命(以及后面的愿景)决定了每家企业的高度,是要建成一幢高楼大厦,还是一个小茅草屋。立什么样的志,立大志、立小志还是不立志,让企业和企业之间产生天壤之别。

"为人民服务,还是为人民币服务"这句话,是我在基金公司的同事朱海龙先生(基金管理合伙人)用来评价一家公司时喜欢说的一句话。意思是说:那些只盯着钱、为人民币服务的公司,往往得不到好的人民币的回报;反过来那些为人民服务、真正能解决客户需求、有着高于金钱的更高追求的公司,最后却得到了金钱上源源不断的回报。

目标越高,得到的越多;目标越低,得到的越少。

模块 1 使 命

（2）使命是用来招人的。

使命确定好，才能招对人。越早制定好使命，说清楚我们是干什么的以及为什么，就能越早吸引那些认可我们的、和我们志同道合的人上车！

每个公司都可以看成是一辆巴士，我们的巴士是开往广州的，而你们公司的巴士是开往青岛的。我们去不同的地方，有着不同的目的地，不同的使命。我们应该选择那些想和我们去往同一目的地的人上车，而不能让什么人都上车。

（3）使命是用来指导工作的。

使命确定好，日常工作就有了指引方向的航标灯。使命是指导工作的一辈子的大箭头，用来提醒我们每天的时间精力是否投放在了正确的方向上。

这里提到一辈子的大箭头，后面还会提到十年的大箭头、大箭头、中箭头、小箭头等，目的是要用这样的语言方便大家理解它们之间的大小和从属关系。

上了我们车的人都应该知道我们这辆车是开往广州的。在这辆车上，各部门人员每天都在齐心协力操心着去广州的事。指导工作的方向就是去广州。

很多时候，特别是决定到底往左走还是往右走时，使命起着关键作用。

是应该使命驱动还是老板驱动呢？如果是使命驱动，那大家都在忙同一件事，大家的状态是主动的，是自发的。大家可以相互提醒、相互影响和促进。如果是老板驱动，那就每天要看老板的脸色和心情，是"试"的心态，不是"要"的心态。

在中国的企业家里面，阿里巴巴的创始人可能是最擅长使用"使命、愿景和价值观"来管理公司的了。他在"湖畔创业研学中心（也称湖畔大学）"专门为此进行了演讲。在演讲中他提到：

使命、愿景、价值观，在关键时候能起重大作用。
看创始人信不信，老板边上的人信不信。
你相信，才会有人相信。
你不信，上面松一点，下面基本上垮掉了。
在重大利益决定，生死攸关时，何去何从时，它们发挥着重大作用。
我们是认真的（take it seriously）。
骨子里，血液里，不是墙上的。
第一天成立公司时，就想好，至于多和少是另一回事。
没有这个，你不可能在后面孤独的路、曲折的路上走下去。
今天每一家成功的公司，一定有一样（这样的）东西。
阿里巴巴的使命"让天下没有难做的生意"一直放在其官网首页上。

How：怎么践行使命

（1）谁负责：CEO 为主，Top10 为辅。

"13＋1"的第一个层面"精神层面"和第二个层面"商业层面"都是以 CEO 为主，Top10 为辅的，见表 1-1。

模块 1 使 命

表 1-1 使命

使命 (模块1)	CEO 和 Top10 的权重、主要任务	
	CEO：占 70% ● 确定公司的使命 ● 每年回顾一次 ● 宣传和使用	Top10：占 30% ● 辅助确定公司的使命 ● 宣传和使用

CEO 可以和 Top10 商量、讨论，但最后的决策权在 CEO。

（2）确定使命：一句话或一段话都行。

确定使命的重点是内容，不是形式。

大家都知道阿里巴巴的使命："让天下没有难做的生意。"甚至很多和阿里巴巴没有打过交道的人也知道这句话。朗朗上口，容易记，也好理解。

很多时候，企业的老板和高管也发愁，问我："怎么能为使命找到像这样的一句话？"

我的回复是："文章本天成，妙手偶得之。"意思是，如果能找到这样一句称心如意的话，当然好。找不到也没有关系。如果没有找到称心的一句话，为什么不可以写一段话？标准的模式是："我们为了谁，提供什么、做什么，要达到什么目的。"

真正的重点不在于找到一句漂亮的话，而是要能给团队说清楚我们是干什么的，我们为什么要做这件事，而且我们是认真的，是真的相信这个使命。接着要让更多的人理解、认可和加入我们，用使命来招人和驱动我们的日常工作。

使命可大可小，不一定越大越好，关键是信不信，是否有感觉。

（3）使命确定了后，要宣讲，要使用。

使命要常讲，天天讲、月月讲、年年讲；要常用，天天用、月月用、年年用；要好用。

使命定了之后，要通过宣讲，让更多的人知道，让使命成为每个人的使命。你不讲就没人知道。你讲得少，大家就会忘记。

你公司的使命的好坏应该由谁来评价？应该是由你使命的受众来评价，即你的员工、客户和供应商。要看他们能否听懂、是否认可、是否觉得有意义，并愿意参与进来！

除了宣讲，还要经常使用，大会小会经常用。用来招聘，找志同道合的人。用来指导日常工作，提醒和确保大家还在正确的前进轨道上。

所以好的使命，是活的使命，是在你我血液里的使命，是让大家谈论起来就有激情的，而非墙上装饰用的、冷冰冰的文字。

（4）鼓励各部门定部门使命。

因为使命离每个人越近才能让人越有感觉，越能指导日常工作，越能产生巨大的能量。反过来高高在上的使命，不能和自己部门的工作产生多少联系的使命，不会发挥什么作用。

在下面案例里，我会用我在沃尔玛的部门使命来说明这一点。

模块 1 使 命

常见问题

- 公司没有使命。
- 有使命，但描述得大而空，不知所云。
- 有使命，但放之四海而皆准，没有说出我们的具体特色。
- 有使命，但平时不用（来宣讲/招聘/指导工作）。
- 有使命，但Top10不信，或眼睛里没有光。

案例和推荐

（1）领教工坊——成就美好企业。

领教工坊面向"中国价值创造型民营企业家"，以"私人董事会"方式进行个人领导力修炼，致力于成为中国优秀民营企业家终身学习与突破成长的首选社区。[一]

关于使命，领教工坊在2017年专门组织团队在厦门讨论了两天，最后才定下来这个使命：

成就美好企业

这句话非常好地表达了领教工坊是做什么的，非常清晰！和领教工坊打交道的领教、老师、组员等都表示能感受到他们"成就美好企业"的使命感。

[一] 摘自领教工坊官网：www.clec.com.cn。

（2）沃尔玛的部门使命。

1999 年我加入沃尔玛的时候，沃尔玛在中国只有 5 家店，当时的目标是要开 100 家店。我的任务就是为这 100 家店培养 100 个班子。每一个班子的标准配置是一个总经理、一个常务副总、三个副总以及下面的部门经理和主管。

虽然公司发展总体向好，但公司内部管理环境并不是那么好。那个时候高层都是外籍人员的天下，比较喜欢搞办公室政治，大佬们都在忙着争宠、争权力。

值得庆幸的是，我们的工作还是得到了四大业务部门的支持。四个业务老板陆陆续续给了我十多个业务上的专家，让他们加入我的 HR 团队。这在当时来说可谓是破天荒了。

那么我这个零售新人，怎么能管理好这些专家，把事情做起来呢？

…………

两年后，我们部门取得了非常不错的成绩，为当时的大发展做出了贡献，获得了广泛的认可。回过头来看，当时对我工作帮助最大的就是两样：《一分钟经理人》和部门使命。

如果我把 "13+1" 定位为管理的基础，是大写的 ABC，那么《一分钟经理人》应该是基础的基础，是小写的 abc。

《一分钟经理人》的作者肯·布兰佳和斯宾塞·约翰逊认为做一个好的经理人就三招儿：一分钟目标、一分钟表扬和一分钟批评。

我当时就认真学习了这本书中的方法并将其付诸实践，取得了立竿见影的效果。如果你没有看过这本书，一定得去看一看。

另外一个对我和部门帮助最大的就是我们部门的使命了。

模块 1　使　命

这是我给部门定的使命：

要和管理层做伙伴
要提供有质量的培训服务
改善全员业绩表现

我来解释一下：

第一句"要和管理层做伙伴"。这一条是我们工作的出发点，是源头。我们部门为公司最重要的四大业务部门：购物广场运营、购物广场采购、会员店运营、会员店采购提供服务，面对着四个外籍老板。部门内也相应地分成四个小组。这一条的要求就是希望各小组能和对应的业务老板成为伙伴关系。比如，业务老板每年定的新的年度业务计划，他们是否愿意给我们的小组成员看；他们开业务例会时是否愿意我们的小组成员去参加。还有我们的每个小组每年制订的工作计划是否对这四个老板的胃口。看了之后，这四个老板是否会说"这就是我想要的"，甚至还愿意给你提供资源去更快、更好地完成你的计划，从而最终支持他们（四位老板）的计划。

第二句"要提供有质量的培训服务"。这一条是说明我们的工作性质、工作手段和服务意识。这要求我们各小组首先能够理解各业务的需求和问题，然后自己也要有解决问题的专业能力，才能有条不紊地为业务提供专业的解决方案。讲专业、讲质量、能解决问题，这些要求倒逼着团队成员去不断地学习和提高。

第三句"改善全员业绩表现"。这一条是要求我们的工作最后要有结果。我们一定得是价值的创造者。我们提供的东西最后要反映在业绩的提升上。举例：如果2701店出现库存问题，我的同事就会去店里了解实际情况，然后再到2701店的管理例会上，给他们提供 15～20 分钟的问题陈述和建议，然后接着几周和他们一起跟进和改善结果。

说到这，不知道各位对我们部门的使命是否更有感觉了？是不是这样一说，大家更容易理解和接受，并对如何确立自己公司的使命有了一些新的思路和想法了？（你公司、你部门的使命也可以这样做。）

那个时候我们部门十几个人对这个部门使命都非常认可，甚至引以为豪。当然不认可的人，也不可能进入我们部门。那个时候还没有微信、微博，每个人的电子邮件的签名都放着这三句话。每个人都像打了鸡血，自动自发地运转着。

以至有人后来离开去了其他公司，在新的公司和岗位上，还在用这三句话作为自己的信条。

希望这个案例能给你带来启发。使命就是要让你眼睛里有光，而且离你越近越好。信则有（用），不信则无（用）。

无独有偶。有一天和瀚蓝环境的 CEO 金女士聊天时，她提到自己在管理投资者关系部门时给部门的定位就是"成为瀚蓝资本市场形象的塑造者和传播者"。这是一个很好的部门使命和定位。只有像这样想清楚、想明白，后面做事情才能做得好。

（3）从"没有使命感"到"淘宝的一天"。

2008 年，陆兆禧接受任命，成为淘宝的第二任 CEO。

有一天下午，马总到淘宝巡视。（马云是公司里面唯一被称为"总"的人，这算是一个习惯吧。）

马云的一个工作习惯就是"嗅地毯"。他很少待在公司里，但只要他在，他就会到处转一转，闻一闻味道。

那天他在淘宝转了一下午，和很多部门的员工聊了聊。

最后他把 Top10 叫到一起，生气地撂下一句话："没有使命

模块 1 使命

感"，然后就走了。

大家都愣住了，不明白马云的意思。我们不是每天都在忙我们该忙的事吗？！看来这不是马云想要的状态。

淘宝的Top10很快明白了马云的意思，并在工作中做出了调整。他们在当年的淘宝年会上设计了播放视频短片《淘宝的一天》这一环节。

《淘宝的一天》从两个角度描述了在淘宝的一天中发生的事。一个角度是淘宝的店家万黎，一位下岗聋哑人士，从早到晚辛苦开店的故事。另一个角度是淘宝公司里各部门员工从早到晚工作的情况。

播放这个片子是希望员工明白：冷冰冰的屏幕和鼠标的背后是一个个活生生的店家和生计。

这一次马云满意啦！

不知道你看了这个视频或听了这个故事的感受如何？你会用有没有"使命感"来评价和要求你的班子和团队吗？

（4）"13+1"的使命。

下面是我为"13+1"写的使命（定位）。希望等你把"13+1"个模块全部看完的时候，帮我验证一下，我是不是这么做的。

用最简单的语言，把最核心的管理要点串起来、说清楚，以此统一企业Top10的管理语言，提升效率；
促进Top10对企业的体系化思考，并聚焦再聚焦；
最终提升Top10的管理信心和企业的绩效。

（5）好书推荐。

多去了解一些优秀的公司，包括竞争对手，都能给自己带来营养。看一些好书，特别是传记类的书籍，也能帮助你提高对使命这个话题的认识。

《富甲美国》是沃尔玛创始人山姆·沃尔顿的自传。从这本书中我们可以了解到当年的首富是如何抠门省钱，如何开着皮卡，农村包围城市地开店的；又是如何在晚上睡不着觉的时候，去找卡车司机了解业务情况的。

《将心注入》和《一路向前》是星巴克创始人舒尔茨的自传。书中讲述了他是怎么借了 5000 美元开始发展咖啡连锁产业的。虽然我个人不喜欢星巴克的服务和产品，但舒尔茨的故事还是挺值得看的。《将心注入》是讲他创业的故事，《一路向前》是讲在把公司交给职业经理人管理偏离轨道之后，他又是如何回归公司，把公司带回正轨的。

《赢》的作者杰克·韦尔奇，他在通用电气工作 40 年，是真正实战出来的管理大师，退休后在世界各地演讲。这本书是他在各地回答管理问题的汇总，可以说是管理实战的圣经。你知道他这本书第一章的标题是什么吗？是"使命和价值观"。这一章第一句话是什么呢？是"不好意思，我又要说使命和价值观啦！"

有意思吧！

最后我们总结一下这一模块：

- 文化先抓好三样：使命、愿景、价值观。
- 使命是说明公司"是干什么的，以及为什么要干"。我们要干的这件事应该是一件很有意思、很有价值的事，是值得我们花 10 年、20 年，甚至一辈子的时间去完成。

模块 1 使 命

- 使命感体现在我们干事的感觉和状态中。
- 我们至少要能达到第二种"养家糊口"的状态（立小志），最好是能达到第三种"建世界上最漂亮的教堂"的状态（立大志）。
- 使命要能让员工、供应商和客户搞懂，能让他们眼睛里有光。
- 使命是用来招人的，招那些和我们志同道合的人。
- 使命是用来指导和驱动我们每天工作的。
- 使命能帮我们面对各种挑战，能让我们走得更远。
- 使命管理是形成公司合力的第一个机会。
- 除了公司使命，各部门、每个人也需要找到自己的使命。

下一个模块，我们来谈谈愿景，包括什么是愿景、愿景的重要性、如何确定愿景，以及使命和愿景的关系和区别。

动手做

1. 请介绍一下你公司的使命,可以是一句话或一段话,并做些必要的说明。公司的使命是否能说清楚你们是干什么的以及为什么要干?

2. 公司的使命能否让 Top10 眼睛里有光?是否还需要就使命进行沟通与讨论?

3. 如何向公司的员工、客户和供应商推广宣传公司的使命（激励他们）？

模块 2

愿 景

在第 1 个模块中,我们谈了使命,其中包括:

What:说清楚公司是干什么的,以及为什么要干。

Why:立大志;招对人;指导日常工作。

How:Top1 负责确定使命;向员工、客户、供应商去宣讲;要常用,要好用,用使命驱动。

接着是第 2 个模块:愿景。

What:什么是愿景

愿景,有时也称为远景。顾名思义,就是指愿望里的景

模块 2 愿 景

象，遥远未来的景象。英文是 vision，意思是"视力、视野、想象"。在管理上，是用来指你对未来的看法。

在"13+1"里，我给愿景更直截了当的定义是：**我们公司十年后要干成什么样。**（单从字面意思上讲，愿景可以是一年后的愿景、三年后的、五年后的。只是从"13+1"体系整体上看，考虑十年的愿景最合适。）

愿景既然是十年的，那么也可以称作十年的长期目标。同样，后面第 5 模块三年规划和第 6 模块一年 1～3 件事，也可以分别称作三年的中期目标和一年的短期目标。

前面我们讲了"使命"是描述我们是"干什么的，以及为什么要干"，那么"愿景"就是要描述"十年后要干成什么样"。这个十年，可以从你创业的那年开始，也可以从现在开始算起，如今年是 2020 年，那么你就要描述到 2030 年你们公司要干成什么样。

从时间维度上来说，我们的使命（一辈子的大箭头）是需要干一辈子的；而愿景（十年的大箭头）则需要十年去实现。

我也遇到有的处在创立初期公司看不了那么远，那我建议就是要慢慢去做到：从这个月看到下个月，从这个季度看到下个季度，从今年看到明年、后年，然后再去看三年、五年、十年。

其实五年、十年往往是弹指一挥间，一晃即过。每一家厉害的公司都是很早就对未来有一些想法和判断的。虽然开始时这些想法往往比较朦胧，但随着公司的发展，它们会变得越来越清晰。当然这种眼力也是不断地锻炼出来的。

使命和愿景的关系是什么呢？

很多公司把这两个概念经常搞混，有的把使命描述得像愿景，有的把愿景描述得像使命。

它们的关系是：每天按着使命去做，十年后我们将能够达到愿景。使命是一辈子的大箭头，是我们的大方向。愿景是十年的大箭头，是为十年定的里程碑。

Why：为什么愿景重要

（1）志不立，天下无可成之事。

说清楚使命（我们是干什么的以及为什么要干）之后，接着要让大家（员工、客户、供应商）知道十年后我们要干成什么样。

要立大愿景、大梦想！因为确定了愿景，也就确定了企业追求的高度：是一栋高楼大厦还是一个小茅草屋。和使命一样，有没有愿景，是大愿景还是小愿景，让企业和企业之间产生天壤之别。

就像考虑小孩的教育一样，很多事情需要从长计议。用长远的眼光看，今天很多事情的重要性和优先等级，就会不一样。一个过一天是一天的公司，和一个要活 102 年的公司⊖的打法当然是很不一样的。

（2）人无远虑，必有近忧。

愿景是对未来的风险和机遇的主动判断，能为公司在竞争中带来先

⊖ "做持续发展 102 年的公司"是阿里巴巴的愿景。之所以是 102 年，是因为阿里巴巴创立于 1999 年，102 之后是 2101 年，那时，阿里巴巴将成为一家横跨三个世纪的企业。

模块 2 愿 景

机。反之,缺乏判断和准备,可能就会引发灾难。

多数人是因为看见才相信,而厉害的人是因为相信早已看见。

过去一年多,低调做生意的华为老板任正非先生的新闻曝光率忽然变得很高,这当然不是任老板的本意——华为遭到了以特朗普为首的"五眼联盟"(美英澳加新)的针对,情况严峻。

当然任老板是何等厉害的企业家,他在很多年前就预见到这种事情发生的可能性,并且早早就有了预案。

早在 2003 年。任正非本来打算以 75 亿美元把华为卖给摩托罗拉,这样就可以以美国公司的名义进入美国市场。哪知道摩托罗拉最后突然变卦,华为没有卖成。那时任正非先生就说了:"既然定下来不再卖,要自己干,那以后可是要和美国正面冲突了。"于是任正非先生便早早开始做各种准备。(详见 2019 年 5 月 21 日任正非在央视《面对面》的专访。)

在今天的外部打击下,华为人比以往任何时候都更加团结、更加铆足劲地往前奔,就是因为使命和愿景都非常清晰,也没有退路。

每个 CEO,都应该凭着你对行业环境和趋势的判断,提前看到未来可能面对的风险和机会,并为企业做好十年的愿景规划。

(3)用愿景招人。

什么样的愿景吸引什么样的人。和使命一样,我们也需要用愿景吸引志同道合的人上车。告诉他们十年后我们要做成什么样。让人才和我们的使命、愿景相匹配。

(4)用愿景驱动,而非老板驱动。

愿景是指导日常工作的大大箭头,是前进路上的灯塔,是渡过激流时手中的那根绳子。没有这根绳子，我们就会被激流冲垮，或迷失了目标和方向。

如果你公司的愿景，你的团队非常喜欢和认可，那么他们就会把它作为自己的梦想去努力实现，而不是为老板去干。

How：愿景怎么落地

（1）谁负责：CEO 为主，Top10 为辅（见表 2-1）。

表 2-1　愿景

	CEO 和 Top10 的权重和主要任务	
愿景 （模块 2）	CEO：占 70% ● 确定公司的愿景 ● 每年回顾一次 ● 宣传和使用	Top10：占 30% ● 辅助确定公司的愿景 ● 宣传和使用

作为 CEO，应该凭着自己的经验和直觉，对未来的风险和机会进行判断，大胆想象和憧憬公司十年后的景象。和 Top10 一起头脑风暴，畅想未来的风险和机会，以及各种可能性。

（2）规划十年后的愿景。

描述一幅积极正面的未来画面，越生动、越清晰越好，要能够激励员工，让他们眼睛里有光。**要有数字**，不应只是财务数字。要尽可能立体、丰富，最好还有细节。

这就像在描述自己未来的新花园洋房，外墙是什么颜色的，装修是什么风格，什么样的花园，有几间卧室，有没有影音室、健身房，等

模块 2 愿 景

等，越清晰、越形象，才越能激励人。

愿景可大可小，关键是要能让自己对愿景心生向往。自己信，别人才会信。

愿景规划，我们是认真的。愿景是我们按照使命去做，十年后会达到的地方（后面还有三年规划、一年 1～3 件事去支撑这个愿景）。

- IBM 推出第一台个人电脑，愿景是让个人电脑走进千家万户。（这在 1981 年是一个非常令人兴奋的愿景，当时也有很多人不相信，而仅用了短短的 40 年，智能手机已取代个人电脑成为时代的新宠。）
- 华为 2011 年 12 月 15 日开始发力做智能手机，当时团队的目标就是"要么不进入，一旦进入一个领域，就要成为王者！"七年后的今天华为果然已经是王者了。

（3）愿景确定以后，要宣讲，要使用。

要常讲，天天讲、月月讲、年年讲；要常用，天天用、月月用、年年用；要好用。

和使命一样，愿景定了之后要去宣讲，让更多的人知道，让愿景成为每个人的愿景。你不讲就没人知道。你讲得少，大家就会忘记。

愿景的好坏应该是由员工、客户和供应商来评价。要看他们能否听懂、是否认可，是否觉得有意义，是否会在了解了公司愿景后产生想为之努力奋斗的冲动。

当然除了宣讲，还要经常使用，不论场合大小，在大会小会中都要经常使用——用来招聘，找到志同道合的人；用来指导日常工作，提醒和确保大家还在正确的轨道上前进。

所以好的使命和愿景，是活的使命和愿景，是让大家谈论起来就有激情的，而非墙上装饰用的。

（4）鼓励各部门定部门愿景。

愿景离每个人越近越能让人眼睛放光，越能指导日常工作，越能产生巨大的能量。

再次提醒：我们是认真地制定愿景的，我们不吹牛。因为"13+1"是一层层地从天上到地上往下落实，从十年愿景推导到三年规划，再到一年1～3件事等，前后的模块之间是相互关联和支撑的。

常见问题 ● ● ● ● ● ● ● ● ● ● ●

- 没有愿景。
- 愿景和使命混淆。
- 愿景大而空，不知所云，不能生动形象地说清楚十年后的我们。
- 没有数字，没有时间（到哪一年）。
- 有愿景，但平时不用（没用于宣讲/招聘/指导工作中）。
- 有愿景，但班子/团队不信，或起不到激励团队的作用。

● ● ● ● ● ● ● ● ● ● ● ●

● 案例和推荐 ●

（1）马丁·路德·金：我有一个梦想！I have a dream!

对愿景描述最有名、最有影响力的一位，就是马丁·路德·金。1963年，他为了争取美国黑人的平等地位，在华盛顿为25万人发

模块 2 愿景

表了这一著名的演讲。他的这段演讲非常有影响力。他的表达方式值得大家学习了解（见图 2-1）。

图 2-1　我有一个梦想

资料来源：百度百科。

以下摘录他演讲中对未来描述的几句话：

我梦想有一天，这个国家会站立起来，真正实现其信条的真谛：我们认为真理是不言而喻的，人人生而平等。

我梦想有一天，在佐治亚的红山上，昔日奴隶的儿子将能够和昔日奴隶主的儿子坐在一起，共叙兄弟情谊。

我梦想有一天，甚至连密西西比州这个正义匿迹，压迫成风，如同沙漠般的地方，也将变成自由和正义的绿洲。

我梦想有一天，我的四个孩子将在一个不是以他们的肤色，而是以他们的品格优劣来评价他们的国度里生活。

（2）以下是关于阿里巴巴的一些小实例。

a）我们在"使命"部分提过阿里巴巴创始人曾在湖畔大学讲"使命、愿景、价值观"。在那个演讲视频里，关于愿景，他提到：

13+1 体系
打造持续健康的组织

使命和愿景必须匹配。
没有使命愿景，就没有战略。
你不讲，员工不记得；天天讲，员工开始信；员工看你做的是不是和说的一样；到后来员工都被点燃了，打了鸡血，起了化学反应。
说服一个人多难，说三遍就不想再说了（注：意思是还是需要用使命和愿景来驱动）。

b）2009年9月10日在黄龙体育中心，阿里巴巴成立十周年的大会上，马云做了演讲。他提到未来十年还是要：①使命感驱动，价值观驱动；②坚持客户第一、员工第二、股东第三；③专注电子商务、专注小企业。并具体给出十年愿景指标：

我们将会创造1千万家小企业的电子商务平台，
我们要为全世界创造1亿的就业机会，
我们要为全世界10亿人提供消费的平台。

说明：第一个1，阿里巴巴的客户定位在小企业，要服务1000万家；第二个1，如果每个小企业雇有10个员工，那阿里巴巴间接为1亿人创造工作机会；第三个1，要为10亿人提供生活消费的场景/平台。

c）2019年9月10日阿里巴巴成立20周年，公司更新了对愿景的描述，其中有不少数字：

我们已设立了5年目标，到2024财年底，我们的中国消费者业务将服务超过10亿的年度活跃消费者，并实现超过人民币10万亿元

模块 2 愿 景

的年度消费额。我们相信 5 年目标能使我们更接近实现 2036 年的愿景：服务全世界 20 亿消费者，帮助 1000 万家中小企业盈利以及创造 1 亿就业机会。

我们不追求大，不追求强，我们追求成为一家能活 102 年的好公司。

其中比较有特色的是要活 102 年，见图 2-2。

图 2-2 阿里巴巴的愿景

资料来源：阿里巴巴官网公司简介。

1999～2000 年时，很多加入阿里巴巴或者其他互联网公司的人都是抱着 8 个月上市挣快钱走人的态度。马云为此很生气，就在内部说 8 个月不会上市，要 80 个月才上市。他后来又提到公司要活 80 年，再往后觉得 102 年比较好，因为公司 1999 年成立，活到 102 年时恰好跨越了 3 个世纪。

和说做百年老店相比，这是一种更独特的表达方式。有了这种长远打算，很多决策就会完全不一样（据说中国的中小企业平均寿命约3年）。

（3）乔尔·巴克——愿景和行动。

使命和愿景是衡量任何一个领导人领导水平的两把尺子。从国家领导、地方官员，到企业主、职业经理人，都可以通过看他对使命和愿景的描述，来了解其水平，进而判断其是否能引领组织更好地发展。

乔尔·巴克（Joel Barker）是一位未来学家。他主要研究愿景对国家、对企业、对青少年教育的影响。代表作是《愿景的力量》(*Power of Vision*)。

这里和大家分享他的三句话：

有愿景没有行动，只是做梦。
有行动没有愿景，只是过日子。
有愿景又有行动，才能改变世界。

（4）所见—所做—所得（see-do-get）。

图2-3中有三个角，分别是：所见（see）、所做（do）、所得（get），你可以分别理解为是看世界（see），做事情（do），得结果（get）。

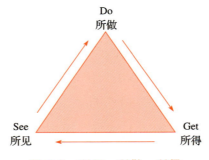

图2-3　所见—所做—所得

模块 2 愿 景

按顺时针：我们如何看决定了我们会如何做，而我们如何做又决定了我们会得到什么，我们得到的结果又会进一步影响我们下一次如何去看。三者环环相扣。

按逆时针：如果我们对所得不满意，那我们做的就要和以前不一样；而想做的和以前不一样，前提是看的要和以前不一样，否则结果就不会改变。

我想借这个三角形和大家说看的重要性，以及看–做–得的不可分割性。

你要关心你公司的愿景、你团队的愿景、你小孩的愿景，尽可能地帮助你周围的人有方向感，有愿景。因为他们看到了不一样的愿景（可能性），就会做的不一样，最后得的也就不一样。

比如，多问问你的小孩以后想干什么，飞行员、消防员、医生，任何职业都行，只要他有一个想法和方向，他就知道应该为自己的梦想做什么准备，就会围绕兴趣发展自己。即使有一天他变了想法，改了方向，也远远比那些没有想法、只能跟着潮流走的小孩要发展的好得多。

最后我们总结一下这一模块：

- 愿景是我们公司"十年后要干成什么样"，是十年的长期目标。
- 使命和愿景的关系：按照使命去做，十年后达到愿景。
- 使命和愿景决定了公司的高度。

- 为什么愿景重要：a）志不立，天下无可成之事；b）愿景规划为公司带来先机；c）用愿景招对人；d）用愿景驱动。
- 愿景制定之后，要多讲，要多用，要好用。
- 愿景管理是形成公司合力的第二个机会。
- 除了公司愿景，各部门、个人也需要找到自己的愿景。

下一个模块，我们来谈谈价值观，包括什么是价值观、价值观的重要性、价值观如何制定、如何考核。我们还将提到差异化管理（也就是"271"）。

动手做

1. 请描述你公司的十年愿景。这个愿景到哪一年?是否有数字?这个愿景是否切实可行(跳起来够得着吗)? Top10 相信吗?

2. 如何向员工、客户、供应商宣讲公司的十年愿景?他们听了之后的感受是怎样的?

3. 可以用公司的愿景招人吗？好用吗？

4. 公司的愿景对大家的日常工作有指导和激励作用吗？好用吗？

模块 3

价值观

前两个模块我们学习了使命和愿景。使命和愿景是屋顶，决定了企业的高度是高楼大厦还是小茅草屋。而这一模块也很重要。价值观是企业的地基，决定了这个企业是否牢靠，是否经得起风吹雨打。

What：什么是价值观

价值观，英文 value。本意是"价值，值多少，值不值"，延伸意思是"什么重要、什么不重要"。

在"13+1"里，价值观定义为：**公司的"游戏规则"**。

完整地说，就是为实现你公司的使命和愿景，公司对全体员工的行为要求。

每家公司都有价值观，或明或暗。价值观不是墙上写的，而首先是CEO 和 Top10 的一言一行，其次是日久天长员工们形成的待人接物的方式和习惯。

价值观表达了一个公司提倡什么，反对什么，是一个想要成功的公司的做事准则。就像交通法规一样，什么是红灯（要反对、打击的），什么是黄灯（介于两者之间，要提醒要注意），什么是绿灯（要支持和鼓励的）。

价值观表面是规则，本质是原则、是底线。价值观潜移默化地体现在每个人做事的态度和方式方法上。

每家公司在做生意、待人接物上都存在这样那样的差别，这些行为上的差别日积月累后，给客户、合作伙伴带来的感受也就不一样，长此以往自然会体现在业绩上。

Why：为什么价值观重要

（1）没有规矩，不成方圆。

为了实现公司的使命和愿景，我们要约法三章，清晰地告诉员工我们的要求，包括鼓励什么、反对什么。员工需要听到我们明确的声音、态度，而不是模糊不清或模棱两可的。这些也是我们日积月累做生意攒下来的、待人接物的成功之道。

模块 3 价值观

（2）用价值观立规矩、招对人。

物以类聚，人以群分。价值观的一致是我们共事的基础。

反过来，价值观冲突的鸿沟是难以逾越的。如果是那样，尽快好聚好散，相互都别耽误。

打开新闻，留意看看，很多国家之间、竞争对手之间，还有公司内部、家庭内部的矛盾，往深处去看，表面上是行为冲突，背后则是价值观的融合或冲突问题。

（3）用价值观管理胜过用制度管理。

制度的条条框框那么多，那么琐碎，大家也记不住、搞不清。还不如把制定制度背后的逻辑、价值观说清楚。价值观说得越清楚，制度反而越简单了。

如马云的公司决策顺序是：客户第一，员工第二，股东第三。可能李云的公司是：股东第一，客户第二，员工第三。没有对错，阿里巴巴可能这样，万科可能那样，看中的规则和理念不一样而已。对错最后会由市场和时间来证明。

（4）使命愿景是屋顶，价值观是地基。

使命和愿景决定了公司的高度，而价值观决定了公司的地基是否牢靠，是否经得起风吹雨打，是否经得起时间的考验。

价值观不可小看。表面上看是游戏规则，深层是反映做人的好恶和决策的逻辑。

比如，随着互联网的发展，很多小公司一下子成长起来，如果只是从估值或市值来衡量的话，它们还是佼佼者。但不少小公司因缺失正确的价值观，就像建立在沙地上的大楼，德不配位，来得快去得也快。

没有价值观的管理，就相当于交通没了规则，公司管理也就陷入混乱。

How：价值观怎么落地

（1）谁负责：CEO 和 Top10。

CEO 和 Top10 一起确定好公司的使命和愿景之后，就要讨论和确定公司需要树立哪些价值观（游戏规则），见表 3-1。

表 3-1 价值观

	CEO 和 Top10 的权重和主要任务	
价值观（模块3）	CEO：占 50% ● 和 Top10 一起确定公司的价值观 ● 每年回顾一次 ● 宣传和使用 ● Top10 的季度"271"	Top10：占 50% ● 和 CEO 一起确定公司的价值观 ● 每年回顾一次 ● 宣传和使用 ● Top100 的季度"271"

（2）要确定价值观。

为了实现公司的使命和愿景，Top10 需要讨论：

- 过去哪些价值观曾帮助我们成功，值得我们继续发扬和使用。
- 未来哪些价值观能帮助我们成功，我们需要确定下来。
- 价值观不在多，三五条足矣，要少而精，立一条是一条。
- 每一条都要有解释说明和案例。就像交通规则一样，每个司机，无论学历高低和资历深浅，都要能看得懂，都可以做得到。比

模块 3 价值观

如，机动车在斑马线前应礼让行人，否则罚款 200 元扣 3 分。
- 价值观在由 Top10 确定之后，还可以听取员工的反馈，进行试用，不断完善。

（3）要宣讲价值观。

价值观确定后，也要宣讲，天天讲、月月讲、年年讲；要使用，天天用、月月用、年年用；要好用。这样价值观才是活的，而不是墙上的装饰。价值观其中一个很重要的用途就是招聘，把和我们味道相同的人招进来。

（4）价值观是考核出来的，对表现符合/不符价值观的员工要奖罚分明。

a）用业绩+价值观来评价和考核员工，还要有奖有罚。如果价值观不用考核，也没有奖罚，它就成了空话。

b）每年要树立价值观典型，正面的、反面的，用事例来强化。比如，创新奖、客户第一奖、成本控制奖，等等。再比如，如果触碰价值观红线，就要让员工离开公司。

在后面案例部分中，我将介绍阿里巴巴的价值观形成过程和考核方法，并重点介绍差异化管理（即"271"）。

常见问题 ●●●●●●●●●●●●●●●●●●●

- 没有制定和管理价值观。
- Top1 和 Top10 没有组织进行价值观专题讨论。
- 价值观是抄别人的，而不是源于自己的生意业务。
- 价值观讲的是空洞的大道理，不是具体的行为规则。

- 价值观条目太多，什么都想要，什么都没抓住。
- 价值观是墙上的装饰，平时不用（没用于宣讲、招聘、评价人和事、奖和罚以及进行"271"排序）。

● \

● **案例和推荐** ●

（1）以下是关于阿里巴巴的一些小实例。

a）马云曾在湖畔大学讲"使命、愿景、价值观"。关于价值观，他提到：

阿里巴巴文化的强势，是十多年来，每个季度考核出来的。价值观不考核，就是瞎扯。有了使命、愿景、价值观，再考虑战略。

b）阿里巴巴价值观形成过程。阿里巴巴的价值观体系应该从关明生说起。关明生早年曾在 GE 工作过 17 年，2001 年加入阿里巴巴任 COO。可以说是因为关明生的加入，阿里巴巴从游击队变成了正规军。关明生来了就开始梳理出一套价值观（"独孤九剑"），并和马云到各地宣讲，还在每个季度用业绩 + 价值观（各占 50%）考核员工，并以考核结果决定奖金和晋升。2005 年起，这套价值观从"独孤九剑"简化为"六脉神剑"。

2019 年 9 月 10 日，阿里巴巴成立 20 周年，宣布了"新六脉神剑"（见图 3-1）。据说这次修改历时 14 个月，经过了 5 轮合伙人专题会议，进行了 9 场组织部成员讨论，听取了超过 2000 多条员工建议，修改超过 20 稿。可见公司对价值观的重视！

模块 3 价值观

客户第一，员工第二，股东第三

这就是我们的选择，是我们的优先级。只有持续为客户创造价值，员工才能成长，股东才能获得长远利益。

因为信任，所以简单

世界上最宝贵的是信任，最脆弱的也是信任。阿里巴巴成长的历史是建立信任、珍惜信任的历史。你复杂，世界便复杂；你简单，世界也简单。阿里人真实不装，互相信任，没那么多顾虑猜忌，问题就简单了，事情也因此高效。

唯一不变的是变化

无论你变不变化，世界在变，客户在变，竞争环境在变。我们要心怀敬畏和谦卑，避免"看不见、看不起、看不懂、追不上"。改变自己，创造变化，都是最好的变化。拥抱变化是我们最独特的 DNA。

今天最好的表现是明天最低的要求

在阿里最困难的时候，正是这样的精神，帮助我们渡过难关，活了下来。逆境时，我们懂得自我激励；顺境时，我们敢于设定具有超越性的目标。面向未来，不进则退，我们仍要敢想敢拼，自我挑战，自我超越。

此时此刻，非我莫属

这是阿里第一个招聘广告，也是阿里第一句土话，是阿里人对使命的相信和"舍我其谁"的担当。

认真生活，快乐工作

工作只是一阵子，生活才是一辈子。工作属于你，而你属于生活，属于家人。像享受生活一样快乐工作，像对待工作一样认真地生活。只有认真对待生活，生活才会公平地对待你。我们每个人都有自己的工作和生活态度，我们尊重每个阿里人的选择。这条价值观的考核，留给生活本身。

图 3-1　阿里巴巴价值观

资料来源：阿里巴巴集团官网。

在中国的企业里，阿里巴巴也确实是把价值观管理用到极致的公司。

c）阿里巴巴价值观实施细则。因为篇幅有限，你可以上网搜"阿里巴巴价值观实施细则"，就能找到详细内容。很多特别是做人力资源的人都对这些细则十分感兴趣，实际上这不是重点，重点在差异化管理。

"阿里巴巴价值观实施细则"简单地说就是 3 点：①"六脉神剑"六条，每一条都有五个级别，对应 1～5 分。分数越高，行为要求越高。②员工给自己 6 个方面打分,并要求举例证明。③上级给下属打分,并举例说明。

d)差异化管理:"271"。(**重点!重点!重点!**)关明生把杰克·韦尔奇的差异化管理带到了阿里巴巴。关明生用的九宫格,如图 3-2 所示。

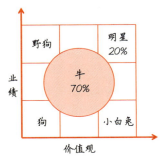

图 3-2 价值观业绩"271"

图中包括:

业绩好且价值观好的"明星";

业绩中且价值观中的"牛";

业绩好但价值观差的"野狗";

业绩差但价值观好的"小白兔";

业绩差且价值观差的"狗"。

同时,他强制规定了四种类型的分配比例:明星 20%,牛 70%,其他 10%。也就是"271"。

差异化管理的核心是八个字:"**区分开来,区别对待。**"每个称职的管理者都必须做到对员工进行差异化管理,否则就是不担当、不负责。

有一次在上海上课,我问一个管理着四川 300 家店的运营老总:"你知道这些店,谁是'271'吗?"他说不知道。可怕吧?

同样,我在现场问了三家公司(分别来自深圳、上海、成都,规模水平都还不错的公司),"今年过去 8 个月了,你们离职的员工是'2'是'7'还是'1'?是清楚的?还是糊涂账?"回答都是"糊涂账"。(这些都是管理机会啊!)

无论你的公司是否进行"271"排序,在大千世界,"271"无处不在。

例如,很多电视节目都有评价体系,如《歌手》。大多数歌手都会放下过往资历,努力在新的评价体系下争取更多的机会,但也

模块 3 价值观

有那么一两个放不下资历和架子的歌手半路退出，这种歌手就可以视为所有参赛选手中的那个"1"。

"271"是残忍还是仁慈？这样做，看似比较残忍，实则非常仁慈。

假如我是本地最好的钢琴老师，我的时间精力有限，只能收十个学生。对于我来说，我应该把有限的时间和精力放在最值得投入的学生身上。假设你的小孩来跟我学，学了半年、一年，甚至两年，他一直没在状态，学得很痛苦，我教得也痛苦，他一直是班里最后一名。你觉得我是越早和他，还有你这个家长说这事呢，还是等过了十年我再说："我十年前就觉得你不应该学钢琴，应该干点儿别的。"（估计你那时要杀了我！）

坦诚、直接还是比较好的，让每个人越早知道真实的情况越好！

每个人还是要找到自己的位置，尽量能在某些方面做到"2"，或至少是在"7+"的位置。正所谓天生我材必有用。

我们也要学会感谢那些告诉你"你是1"的人，因为多数情况下大家是回避不提的。

要求每家公司做价值观考核还比较难，但"271"必须先做起来（见"动手做"部分）。在后面的"激励、考核、人才盘点"模块，我们还要再提，因为做"271"是管理的基础，做不到的话，后面都做不好。

"1+1+HR"：这是阿里巴巴比较好的做法，值得大家借鉴。第一个"1"是指直接上级，第二个"1"是指直接上级的上级。也就是在评价员工和进行"271"排序时，用两级管理，再加上 HR 的参与，确保排名相对客观（我们后面会多次再提）。

e）2008 年初阿里巴巴创始人带班子到访 GE。

在管理上，GE 是阿里巴巴的师傅。所以访问 GE 就相当于学过少林功夫的人去少林寺，可以想象一下阿里巴巴团队拜访 GE 的期望值有多高。当他们到了美国 GE，见到每一个 GE 的高管都会问："你们现在的使命、愿景、价值观是什么？你们现在怎么考核的？"得到的回答要么是说不清，要么是我们不再用那一套了（这也可能是杰克·韦尔奇和伊梅尔特在管理上的区别）。

回到杭州之后，在组织部大会上，阿里巴巴创始人表示，他对 GE 的访问感到非常失望（会上他也分享了在其他几个公司他得到了超出期望的收获）。在会议结束时，他再次强调："我们必须坚持使命驱动、价值观驱动，坚持做考核和'271'。这样下去，十年后我们有望成为一家伟大的公司。"

十年后，2018 年，通用电气股价下跌 57%，市值从 2000 年的 5940 亿美元跌到了 870 亿美元[一]，被剔出道琼斯指数。而阿里巴巴已经把这个师傅远远地甩在后面。

（2）好未来 CEO 张邦鑫的观点与做法。

几年前在基金公司，有幸听到张邦鑫来介绍公司。他对公司、对业务的思考，令人印象深刻。他在价值观管理上的观点也非常独特。建议大家了解和关注。这里分享几个他的观点和做法：

- 价值观就是你的商业模式。好的价值观是从商业模式当中提取出来的，这种价值观容易落地。你不用给员工培训，员工都知道。因为你的业务就是这么做的。
- 用通俗易懂的语言。如描述"成就客户"有三条："教不好学生等于偷钱和抢钱"；"不是靠口碑招来的学生，我们不会受尊敬"；"和客户不亲的学校没有未来"。
- 从上至下的考核，不能只考核管理者。价值观和业绩的考核占

[一] 见 2018 年 2 月 16 日《中国经营报》。

模块 3 价值观

比分别是：高层 50%/50%、中层 30%/70%、基层 20%/80%。

（3）谢家华《三双鞋》的故事。

谢家华是一个非常成功的连续创业者，他的传记《三双鞋》讲述了他的成长和创业历程。他的公司 Zappos 是美国一家线上卖鞋的公司，后来以 12 亿美元的价格卖给了亚马逊。在 Zappos 买鞋，你买一双，Zappos 会发三双让你试，然后再免费寄回另外两双。客户的忠诚度因此非常之高，甚至很多人会因为各种事情打他家热线咨询，比如哪里有好餐厅、电影院，等等，都会得到认真的答复。这是一家以企业文化著称的公司，曾经是《财富》杂志评选的最佳雇主第一名。

而公司的文化和谢家华的管理模式息息相关，举一些例子：

- 谢家华早年的第一家公司 LinkExchange 在 1998 年以 2.65 亿美元的价格卖给了微软。当时公司要求他再留任 12 个月 CEO，开价 4000 万美元。中午他出去吃饭时，想了想，觉得实在不想再和价值观不一样的人再在一起共事，于是下午就辞职了，后面的钱也不要了。
- 从那以后，他再创业，把文化价值观放在第一位。再也不希望自己公司的味道变到连自己都待不下去的地步。
- 招聘过程中，有两轮面试，一轮看能力，一轮看价值观。很多有才的人都因为价值观与公司文化不符而被拒。
- 新人加入后，就开始文化价值观培训。
- 新人加入的第一个月结束时，可以选择离开。而且离开时还可以拿走 2000 美元作为补偿。（发生率约 1%）（这招很厉害！也很到位！你公司敢这么做吗？我认为这一招看似花钱，其实省钱！）

- 公司每年的文化手册，每个员工都可以参与编写，想写什么就写什么。管理层只有排版和改错别字的权力。（真开放透明！）
- 记者可以采访公司任何人。公司其实每天都在接待各种慕名来参观的人。
- 公司的文化追求是提供幸福：为员工提供幸福，为客户提供幸福。

《三双鞋》的英文名就是 *Delivering Happiness*（提供幸福）。谢家华认为：你的文化就是你的品牌，每个员工就是你的品牌形象大使。希望你从谢家华这里能得到一些启发。有机会看一看这本书。

（4）向优秀的公司学习。

比如，早年海尔张瑞敏砸冰箱以警示员工，企业对产品质量的态度是寸步不让的。东方希望的刘永行将企业的价值观整理为四个观念："哲理观念、价值观念、投资观念、管理观念"，对这四个观念的解释大家可以在东方希望的官网上找到。

最后我们总结一下这一模块：

- 价值观是为实现公司的使命、愿景而制定的"游戏规则"。
- 使命和愿景是公司的屋顶，价值观是公司的地基。
- 为什么价值观重要：立规矩、招对人，用价值观管理胜过用制度管理。
- 如何做：CEO 和 Top10 确定 3～5 条价值观，有解释说明

模块 3 价值观

和案例,让人人都能懂,知道该怎么做;要天天讲、天天用,要有奖罚,树立典型。

- 差异化管理是重点,其核心是"区分开来,区别对待"。
- 每个季度都要进行"271"排序,用在员工、产品、供应商、客户管理上。

第一个层面"精神层面"到此讲完,接着将开始讲第二个层面"商业层面"。下一个模块是"战略",包括什么是战略、战略的重要性、战略如何制定。

动手做

1. Top10 成员一起讨论公司的价值观

   （1）找出 2～3 条过去帮助公司成功的价值观。

   （2）找出 2～3 条未来可能帮助公司成功的价值观。

   （3）每个价值观要有解释、说明、事例，目的是人人都能懂，就像交通法规。

   _____

   _____

   _____

   _____

   _____

   _____

   _____

   _____

2. 价值观宣讲和培训

   （1）Top10 为员工轮流做价值观培训。

   （2）培训之后进行考核，相当于驾校的理论考试。

3. 确定公司招聘流程时，除了要对能力经验进行评估之外，还应增加价值观评估。让价值观不符合公司文化的人进不来。请描述你公司在招聘过程中如何评估价值观。

4. 每年树立价值观的榜样、典型，正面或反面，要有奖有罚，让大家知道公司的价值观是看得见、摸得着的，是认真的。

5. 每个季度进行"271"排序（重点！重点！重点！）。

价值观考核做好不容易，很多公司也卡壳和纠结在这里。建议至少先要把每个季度的"271"排序做起来（后面在"激励、考核、人才盘点"模块会再进一步讨论）。

（1）每个季度的第一周出结果。

（2）CEO负责进行Top10的"271"排序。即使只有自己知道结果，也应该白纸黑字写下来。先给出排序，再慢慢补上理由。最迟到第四个季度，必须要有行动计划，即如何善待"2"和如何处理"1"。

（3）各 Top10 负责进行自己团队的"271"排序，并和 CEO 讨论。没有科学的方法，只是"1+1"⊖拍脑袋，硬拍！要把感觉和主观的东西变成白纸黑字的排名。如果"1+1"之间有争议，两人关门自行解决。就像李云龙在前线冲锋陷阵，他要找到配合他打胜仗的人。他认为谁靠谱，那就是谁。

（4）用"1+1+HR"的模式，两级管理，HR 监督。HR 主管收货，确保每个"1+1"交来的都是符合"271"比例分布，有两人签字的"271"排序，并存档。HR 可以参加讨论，但更重要的是"1+1"的看法，因为是他们带兵打仗，他们为结果负责。

⊖ "1+1"指直接上级和直接上级的上级。

(5)前三个季度可以只提交名单,最迟到第四个季度必须有行动方案,包括如何保护好 2 类员工,如何去处理 1 类员工。

虽然只是拍脑袋,但随着每个季度对"271"排名的讨论,"1+1"对"271"的判断会越来越靠谱、越来越准确,一个季度比一个季度会做得更好。

提醒：

- "271"是非常基础的管理工作，我们在后面的模块中都会用到。
- "271"里前 20% 的员工代表公司的竞争力水平，中间 70% 的员工代表公司的平均水平。
- 每年离职的员工是"2"是"7"还是"1"，要清楚，不能是糊涂账。
- "271"除了用在员工管理上，还可以用在对产品、客户、供应商的管理上。也就是每个季度负责产品、客户、供应商的同事要拿出对应的"271"的名单，并且能说出为什么这样分。长期下来，公司在产品、客户、供应商管理上，也能做到"区分开来，区别对待"。

精神层面
小　结

至此，通过前面的学习和讨论，我们手里应该已经有了这么三件工具了：

第1件：使命，说清楚我们这家公司是干什么的，以及为什么要干。

第2件：愿景，说清楚我们十年后想把这家公司做成什么样，描绘一幅令人憧憬的蓝图。

第3件：价值观，我们定了做事的规矩/游戏规则，这是我们待人接物的成功之道。

拎一拎：使命、愿景、价值观

- 作为一个管理者，要：一手抓_____，一手抓_____。
- 四个层面：_____层面，_____层面，_____层面，_____层面。
- "13+1"个模块，每次只能从_____模块着手。
- 文化的三部分：使命是_____，愿景是_____，价值观是_____，三者相辅相成。其中_____是企业的_____，决定了企业的高度；_____是企业的地基，决定了企业是否经得起风吹雨打。
- 你学习了解了使命、愿景和价值观之后，接着看你信不信、用不用，是否花时间、花精力，把这些变成你公司管理的一部分，给公司带来超能力。
- "____不立，天下无_____。"

答案：

- 事 / 人
- 精神 / 商业 / 组织保障 / 执行力
- 1～2
- 干什么以及为什么 / 十年后干成什么样 / 游戏规则 / 使命和愿景 / 屋顶 / 价值观
- 志 / 可成之事

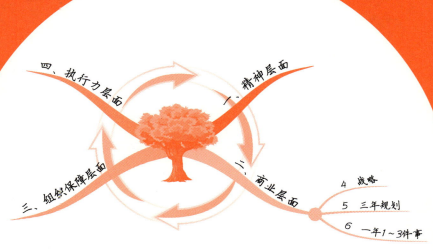

什么是战略？战略和使命愿景价值观的关系是怎样的？
战略如何制定？战略制定之后要做什么？

二、商业层面

模块 4　战略

模块 5　三年规划

模块 6　一年 1～3 件事

模块 4

战　略

经过对前三个模块的学习，我们了解了企业管理中精神层面的相关内容，包括：模块1（使命）、模块2（愿景）以及模块3（价值观）。其中使命和愿景是屋顶，决定了我们公司的高度，而价值观是我们的地基，决定我们是否经得起风吹雨打，能走多远。

接着我们来学习第二个层面商业层面，包括模块4（战略）、模块5（三年规划）和模块6（一年1～3件事）。通过学习这一层面的内容，我们可以把使命和愿景落地。

What：什么是战略

战略，其英文是strategy，意思是"打法，如何去赢"。

模块 4 战 略

在"13+1"里,我将战略定义为**"怎么干"**。前面我们有了使命(要干一件有意思的大事),有了愿景(十年后要干成什么样),还有了价值观(做事的规矩/游戏规则),接着要用战略来回答怎么干和怎么去实现公司的使命和愿景。

我过去几年遇到的企业,往往都是在战略模块上卡壳。可以说,很多企业在战略上下的功夫都不够。而企业想不清楚战略,使命和愿景就会落空,后面组织保障也就没了要瞄准的靶子和方向。

这里我希望能把战略说得更简单、更清楚。

战略是实现使命和愿景的具体打法,就是如何去赢。举两个例子:

(1)高尔夫。

这是一项很难的运动。十多年下来,我总结高尔夫要赢得靠三个方面。

- 三分之一靠基本功与技术:你是否掌握好全挥杆、短杆和推杆。你需要通过找教练、看书、看视频搞清楚原理,然后再花大量的时间去练习、去打磨你的动作。
- 三分之一靠场地规划:基于对每个场地的考察和了解,以及对自己的长短板的把握,来决定哪一个洞什么位置要攻、什么位置要守。这一点业余球手比较不重视。而职业运动员在试场时,对每个洞每个位置都有详细的规划。
- 三分之一靠心理素质:能否在压力下、在逆境中,方寸不乱、不骄不躁、正常发挥。做到这一点要靠实战去练。

(2)麦当劳。

麦当劳成功的秘诀是QSC+V（适用于任何餐饮企业）。

- 首先要做好品质（quality），保持新鲜热辣。正所谓酒香不怕巷子深。我有一个香港美食家朋友，带我到深圳布吉一个位置十分隐蔽的小餐厅吃饭，周围环境很一般，但那家小店的东西就是好吃。
- 其次要做好服务（service），用微笑、礼貌、热情和速度让客人觉得受尊重。海底捞给我们印象最深的就是服务，但产品味道一般。
- 接着是做好清洁（cleaning），保持环境氛围舒适。这样别人才愿意来店里消费，才好意思请客吃饭。
- 最后做好物超所值（value），用各种促销活动吸引顾客，保持新鲜感。

战略就是你企业的打法，是你如何去赢。

所有企业的战略必须要关注两个方面：客户和竞争。看看你的企业是否能够说清楚：

（1）客户。

谁是你的目标客户？客户如何分类和排序？你能为客户创造什么价值？能满足客户的什么需求？如何获得客户的认可？如何令客户更愿意买单？

（2）竞争。

谁是你的竞争对手？他们的优势和劣势是什么？如何去差异化，如何去赢？竞争能逼你进步，竞争最后会让更优秀的公司胜出。

战略是选择，是排序，是取舍，是做什么不做什么。因为资源有限，不可能什么都做，不可能什么都做得好。

模块 4 战 略

战略,是经过 365 天,经过一系列决策和行动之后,你能否带领公司产生新的竞争优势,到达新的战略高地。

Why:为什么战略重要

(1)承上:战略承接使命、愿景,是实现使命、愿景的具体步骤。战略说明我们的使命和愿景是认真的,而不是空的口号。

(2)启下:战略 > 组织 > 人。战略开启落实的过程,战略搞清楚之后,后面的三年规划和一年 1~3 件事才能搞清楚,组织层面和执行力层面才有要瞄准的靶子和方向。

(3)外患:唯一不变的是变化。行业环境、客户、竞争对手都在变,不进则退。战略就是要求我们审时度势,顺势而为。始终关注客户和竞争对手,拥抱变化。

(4)内忧:需求是无止境的,而资源(人、钱、时间)是有限的。我们需要选择、排序、取舍,决定做什么不做什么,聚焦再聚焦,要找准那个发力的点。

How:战略怎么做

(1)谁负责:CEO 为主,Top10 为辅(见表 4-1)。

表 4-1 战略负责人

	CEO 和 Top10 的权重和主要任务	
战略 (模块 4)	CEO:占 70% ● 每年组织召开战略讨论会 ● 季度复盘 ● 经常思考,365 天弦不能松 ● 永远关注客户和竞争	Top10:占 30% ● 辅助 CEO 组织召开每年的战略讨论会 ● 辅助 CEO 进行季度复盘 ● 永远关注客户和竞争

（2）对行业的看法：描述行业的整体情况、发展特征等。

（3）对客户的看法：越详细越好！

- 客户怎么分类（"271"），怎么对客户进行"271"排序？每一类客户的特点是什么？
- 客户有什么需求？如何决策和买单？满足客户的需求是一切生意的源头，要优先满足哪些客户以及他们的哪些需求呢？
- 未来客户有什么变化？

（4）对竞争对手的看法：有哪些竞争对手？每一家的份额是多少？每一家的强项与弱项分别是什么？每一家的产品、研发、生产、销售、文化、人才方面分别有什么特点？越详细越好。

我遇到很多企业对竞争对手的情况都不太清楚，甚至还有老板跟我说："我们没有竞争对手。"

（5）对内部的看法：怎么看待自己的产品、研发、生产、销售、文化、人才？自己的强项与弱项分别是什么？越详细越好。

（6）对未来的看法：未来有什么变化（政策、技术、新加入者）为什么会发生这些变化？未来有什么危险和机会？越详细越好。

（7）如何去赢？与之前的分析和判断做比较，有什么可以去尝试？有什么优势需要保持？有什么需要去克服？有哪些事需要做？如何选择、排序、取舍？如何使用资源（人、钱、时间）？如何聚焦再聚焦？

（8）其他：

- 每个季度都应该复盘和更新客户信息、竞争信息、内部信息等。
- 每年应举办年度战略专题讨论会，通过思想碰撞，形成新的战略思路。

模块 4 战　略

以上二者的目的就是通过不断地收集信息、分析比较信息、做决策、做尝试，找到适合公司发展的路径，在竞争中赢得客户。

信息收集是 365 天的事。即使战略研讨一年一次，战略思考这根弦也不能松。更何况，战略是八分战、两分略，应该边打边摸索，甚至必要时还得随时调整，就像战争题材的电影里一样，战争局势随时千变万化，战略要根据战争局势的变化调整。

常见问题

- 平时没有花足够的时间收集行业环境、客户、竞争对手的相关信息，虽然战略讨论一年一次，但战略这根弦却没有绷紧。
- 没有花足够的时间把战略思路理清楚，导致后面一系列模块（三年规划、一年 1～3 件事等）的决策就没了逻辑和质量。战略这个模块是我所见到的所有公司里最卡壳的地方。

● 案例和推荐 ●

（1）一些军事、体育题材电影和书籍。

战略除了和商业有关，和军事、体育的关系也非常密切。建议大家可以看一看军事、体育方面的书籍、电影，特别是有关真实事件的传记和历史，它们都能给你很多启发，因为都是关系到强弱、攻守和赢输的。

（2）用"上、下、左、右、中"来分析企业。

这是当时我在嘉御基金工作时，用来介绍和分析一个企业的方法。其中：

上：上游长什么样？如供应商情况。
下：下游长什么样？如客户情况。
左：这个公司由于这个业务取代/消灭了谁？
右：谁是竞争对手？或有什么潜在威胁？
中：公司内部情况，如创业经历、创始人情况、团队情况。

（3）马云在湖畔大学讲"战略、组织"时说道：

战略是战和略的结合，战略是CEO（老板）定的。

是本能、是直觉，是知识和所有的积累。

进会议室之前，我已经知道要干什么了。

讨论的目的是看看有没有人能说服我，能改变我。

战略一定不是讨论出来的，但是没有讨论的战略都是胡扯。

战略就是给谁提供什么服务，怎么提供。竞争环境等很多问题都要考虑进去。

最关键的是要想明白：这样下去，第一符合我们的使命吗？第二愿景是离我们越来越近还是越来越远？第三可行吗？资源够吗？对手呢？

（4）如何看对手。

马云提到，在面对竞争时常犯的四个错误如下：

"看不见，看不起，看不懂，跟不上"

这个很形象地说明了一个自负的公司对竞争对手麻痹大意的四个阶段。

（5）曾鸣的观点。

曾鸣，长江商学院战略学教授。2003年开始任阿里巴巴战略顾

模块 4 战　略

问、首席战略官，负责主持阿里巴巴每年的战略工作，可以说是从学术到实战的战略专家。推荐大家看看他的文章《怎么形成战略？没有捷径，但有办法》，在文章中他说道：

战略是基于对未来的判断。愿景是战略制定的前提。
你一定要在最前沿，春江水暖鸭先知。
要多想，不能傻干。
对于董事长的想法要形成战略共识。
做中想，想中做，8分是战，2分是略，但没这2分，什么都不是。
战略分：尝试期、成形期和扩张期。
尝试期混乱，先试错，然后再收。

（6）杰克·韦尔奇的观点。
　　a）杰克·韦尔奇在他的书《赢》中也提到对战略的看法。

三步简单方法：①找到超级创意（Big Aha）的大方向；②找对人；③不屈不挠地不断完善。
少想，多做；做中不断思考，不断迭代。
战略应针对市场变化决定行动方向。
战略就是要对如何展开竞争做出清晰的选择。不管你的生意有多大，资金有多雄厚，你也不可能满足所有人的所有要求。
聚焦、数一数二：尽可能让你的产品和服务与众不同，让顾客像胶水一样黏住你。
创新、技术、内部流程、附加服务，任何能让你的公司从其他同类企业中脱颖而出的问题都应该严抓。

b）杰克·韦尔奇不太喜欢复杂的方法，他在《赢》里提到他在世界各地听战略汇报，只要求汇报五页纸，具体如下：

第1页：今天竞争环境的现状是怎样的？

谁是竞争对手，大的、小的、新的、老的？每一个的市场份额是多少？你的市场份额是多少？这个行业有什么特点？决定利润的主要因素有哪些？每个竞争对手的优势、劣势分别是什么？他们的产品有多好？他们各在研发上投入多少？每一家的销售团队有多大？每一家的企业文化中对员工业绩的重视程度是怎样的？谁是主要的客户？他们如何消费（购买）？

第2页：竞争对手在忙什么？

过去一年，在改变竞争格局方面每个竞争对手都做了什么？

有谁带来了改变竞争格局的新产品、新技术或是新渠道？

有新加入者吗？他们做了什么？

比如，为了让竞争鲜活起来，A挖了B的核心销售，B发行了两个新产品，C和D合并面临着各种困难。（要详细细节！）

第3页：你在忙什么？

过去一年，你做了什么以改变竞争格局？是收购、发布新产品、挖了对手的核心销售，还是创立了新的技术项目？你是否失去了何种竞争优势？比如，是损失了一个优秀的销售、特别的产品，还是技术保护失效？

注：比较第2页和第3页，就知道你是否落后了。这两页纸比较生动地描述了动态的竞争状态，第2页和第3页配合，为回答后面的问题做准备。

第4页：有哪些潜伏的变量？

下一年，什么最令你担心？有哪一两件事，有可能使竞争对手把你打垮？你的竞争对手可能发布什么新产品或新技术，并借此改

模块 4 战 略

变竞争格局？有没有什么收购合并事件会把你打垮？

注：至少假设你的对手和你一样优秀、一样快或比你更快（对未来，再多些担心都不为过）。

第5页：你靠什么去赢？

你做什么能改变竞争格局？是收购、发布新产品，还是全球化？你需要做什么才能让你的客户比以前任何时候、比任何人，都更离不开你？

注：从分析到行动，找到突破口，开始改变！

（7）多看企业案例。

建议读者多看企业实战的案例，看看这些企业是如何审时度势、把握机会、找出路、打胜仗的（也可以看看军事案例，本来"战略"就是一个军事词语）。这里再推荐一个可供大家思考的案例：

刘永行，四兄弟分家后进入了电解铝行业，他为什么选择这个行业？他的做法和别人有什么不同？他为什么重视细节？如何理解他总结的三句话：

"顺势却不随流，明道而非常路，习术要善修正。"

最后我们总结一下这一模块：

- 战略是什么？战略是实现使命和愿景的具体打法。
- 战略为什么重要？a）把使命、愿景落地，为后面组织保障和执行力层面指明要瞄准的方向和靶子；b）审时度势，对行业环境、客户、竞争对手有清醒的认识；c）选择、排序、取舍，集中资源产生竞争优势。

- 如何做：a）Top10需要在平时关心和收集行业环境、客户、竞争对手的相关信息；b）对未来趋势、风险机会有清楚的预判；c）基于内部优劣势选择要采取的行动。

下一个模块，我们将讨论三年规划，进一步把抽象的战略思路变成具体的行动方向。

动手做

CEO 和 Top10 需要完成以下工作：

1. 每个季度养成收集汇总的习惯，包括与客户、竞争相关的各种信息，并互相分享和讨论。请描述你公司是如何收集此类信息的。

   _____

   _____

   _____

   _____

   _____

2. 客户专题：请围绕客户回答。客户是谁？如何对客户进行分类？每一类的特点是什么？客户需求是什么？客户如何做购买决策？购买决策有什么变化趋势？越详细越好。

   _____

   _____

   _____

   _____

   _____

3. 竞争专题：谁是竞争对手？它们各自的特点和发家史分别是怎样的？强弱项是怎样的？产品、研发、生产、销售、文化、人才等信息你公司是否了解？越详细越好。

4. 对内专题：你公司的成长史是怎样的？哪里做得对（成功）？哪里做得不对（教训）？强弱项分别是什么？未来需要强化哪里、聚焦哪里？

5. 未来专题：如何看待未来与趋势？风险和机会又该如何看待呢？

   _____
   _____
   _____
   _____
   _____
   _____

6. 根据以上几个专题的分析比较，经过战略研讨，CEO 需要确定：你公司未来的战略（打法）是？用一页纸、一段话或一幅图来说明。

   _____
   _____
   _____
   _____
   _____
   _____
   _____

7. 检查：上面第 6 题里确定的战略和你公司的使命与愿景一致吗？

模块 5

三年规划

上一个模块，我们讨论了战略，即实现公司使命和愿景的具体步骤。也就是你作为 CEO，根据你对生意的理解，对行业环境、对客户、对竞争对手、对自己、对未来的认识，和 Top10 讨论和确定的公司未来的打法。

接着我们来学习如何让战略落地。

What：什么是三年规划

使命是一辈子的，愿景是十年的。战略是打法，是经过一系列的分析和判断，给公司定的方向。战略的表达是一页纸，一段话或一幅图。怎么让战略从抽象到具象——把战略转化为三年规划。十年愿景是公司的长期目标，三年规划是公司的中期目标。

三年规划是实现战略的三年路径，即把战略转化为今年、明年、后年的粗计划。如图 5-1 所示，如果现在是 2020 年底的话，就需要确定 2021、2022、2023 年的规划。

图 5-1

三年规划是公司前进路上的远光灯。

Why：为什么要做三年规划

（1）承上：把使命和愿景落地。

从天到地，把一辈子的使命、十年的愿景按照战略拆成三年规划，把遥远的大目标变成看得见、摸得着的三年规划。

（2）启下：为商业层面的一年 1～3 件事、组织保障层面和执行力层面提供靶子和方向。

战略真的想清楚了，才能做得出三年规划；三年规划想清楚了，才能做得出一年 1～3 件事；这两个都想清楚了，后面才能把组织保障和执行力方面的事做好。

（3）动态三年，适应变化。

a）三是一个好数字，衔接好愿景的"十"和后面一年的"一"。

模块 5　三年规划

好的棋手下棋，是走一步，同时想两步、想三步。做生意也要如此。

对三年规划的另一个非常形象的比喻就是"三块肉"：

"吃一块、夹一块、看一块。"

"吃一块"指要做好今年该做的事；"夹一块"指同时把明年要做的事准备起来；"看一块"指还要盘算和准备后年的事。

一般的公司能"吃一块"就不错了，好公司还能"夹一块"，厉害的公司还能再"看一块"。（见后面案例）

三年里每一年都起着承上启下的作用。就像建高铁，从上海到北京，分阶段通车。三年规划是分步骤、分阶段的过程指标和里程碑。

b）"三"比较灵活，"五"似乎长了点儿。你的公司也可以做五年规划，但没有三年的灵活。

这里的三年规划是滚动的三年规划，称为3-1-Q。3-1-Q能很好地适应变化和竞争，很实用。其中3是指三年粗计划，1是一年细计划，Q是指季度复盘。滚动的意思是每次都看下三年，即2020年要看2021、2022、2023，2021年要看2022、2023、2024。

这样做方便CEO和Top10根据行业环境（政策/客户/竞争）变化，随时打方向盘，往左拐、往右拐，甚至踩刹车。我们通过季度复盘、年度调整和三年规划，来不断接近我们的十年目标（愿景）。

阿里巴巴、华为等公司的许多产品、项目都是这样一步步跟着变化,有机地成长壮大的。如:早年在阿里巴巴忙着做 B2B 时,eBay 投了易趣,到中国做起 C2C 老大。阿里巴巴想你早晚要把脚踩过来(做B2B),不如我先把脚踩过去,所以 2003 年悄悄成立了淘宝(C2C),正面与易趣抗衡。再后来发现中国人喜欢砍价,所以又有了阿里旺旺。这还不够,阿里巴巴意识到要进行交易还得解决信任问题,需要第三方支付担保,于是又有了支付宝。

How:三年规划怎么做

(1)谁负责:CEO 为主,Top10 为辅,见表 5-1。

表 5-1 三年规划

	CEO 和 Top10 的权重和主要任务	
三年规划 (模块 5)	CEO:占 70% ● 每年制订三年滚动计划 ● 季度复盘 ● 经常思考"三块肉",特别是衔接和递进关系	Top10:占 30% ● 辅助 CEO 制订三年滚动计划 ● 辅助 CEO 进行季度复盘

(2)把前一个模块"战略"(一页纸/一段话/一幅图)转化为三年规划,每年最多写三点。

(3)每一点都要尽可能详细些,要符合目标设定的 SMART 原则[⊖]:明确、具体(specific),有数字、可衡量(measurable),跳起来够得着、可实现(attainable),相关的、有价值(relevant)、有时效(机不可失,失不再来)(time-bound)。

⊖ SMART 原则首先由彼得·德鲁克于 1954 年在《管理的实践》一书中提出。

模块 5 三年规划

（4）针对"三块肉"思考并落笔的格式如下：

今年 20____年：吃一块

a)_____

b)_____

c)_____

明年 20____年：夹一块

a)_____

b)_____

c)_____

后年 20____年：看一块

a)_____

b)_____

c)_____

（5）检查三年之间的衔接和递进关系，检查三年规划是否瞄准和支持十年愿景。

说明：

a）成熟的公司越看越远。而初创公司可能只能看3个月、6个月，但慢慢要能看到12个月、18个月，然后要至少看到三年。

109

b）3-1-Q 滚动规划，每年要能看下三年。

常见问题 ● ● ● ● ● ● ● ● ● ● ● ● ● ●

- 没有想清楚"三块肉"分别是什么，没有看到三年之间的衔接关系。
- 和十年愿景没有联系，三年规划不能支持公司不断接近和实现十年愿景。

● \

● 案例和推荐 ●

（1）三步走。

中国改革开放的总设计师邓小平在 1987 年 4 月提出基本实现现代化的战略，同年 10 月，"三步走"的发展战略构想确定下来（虽然这个是以十年为单位，也可以借鉴参考）。

第一步，从 1981 年到 1990 年，国民生产总值比 1980 年翻一番，解决人民温饱问题。

第二步，从 1991 年到 20 世纪末，国民生产总值再翻一番，人民生活水平达到小康水平。

第三步，到 21 世纪中叶，国民生产总值再翻两番，达到中等发达国家水平，基本实现现代化。

注：这个"三步走"终于把经济建设放在首位。当时提出的时候，中国的人均 GDP 约为 300 美元，到了 2000 年人均 GDP 达到 848 美元，实现了从温饱到小康的历史性跨越。

模块 5 三年规划

中国国家统计局数据显示，2019 年中国人均 GDP 为 10 276 美元，终于过万，进步巨大！（不过我们和世界发达国家还有很大差距。）

国家都会制订"三步走"战略，管理公司也是如此。下面，我会举几个公司和家庭层面或正面或负面的例子。

（2）eBay 的案例。

2002 年 eBay 到了中国，收购了易趣，主宰着中国 C2C 市场。而 2003 年淘宝成立，eBay 受到了威胁，就开始和新浪、搜狐等主要门户网站签订排他性的广告协议封杀淘宝，号称投入了 1 亿美元。当时 eBay 的 CEO 声称要用 18 个月打败淘宝。

可是淘宝在 2005 年就反超了易趣，占了 60% 的市场份额。而易趣的市场份额从 90% 降到 30% 以下，终于在 2006 年 12 月宣布退出中国市场。

为什么会这样？

这是由很多具体打法的差异造成的。

比如 eBay 要收 2% 的交易费，而淘宝提出三年免费；eBay 判定淘宝未来会收交易费，但淘宝没有收费；eBay 没把 PayPal 支付带到中国来，而淘宝却推出了支付宝；易趣由美国管理，决策相对较慢，等等。

当年淘宝打败 eBay，还有一个非常重要的原因就是它在中小网站上做了铺天盖地的广告。由于大的门户网站都被 eBay 买断、被封杀了，马云只好找到好耶（互联网广告公司）的 CEO 朱海龙先生帮忙。那时马云什么都想要，朱海龙说做不到。下面是后来他们定下来的阶段目标：

第一年　要流量
第二年　要注册用户数
第三年　要交易量
第四年　要交易额

结果淘宝从零开始，到赶上对手、超越对手，再到把对手打败，只用了三年时间。

上面这个四年目标，每年要什么都非常清楚和聚焦，一年就要一件。希望这个案例能给你们启发。

（3）安克（Anker）公司的案例。

安克公司的案例间接地说明了"三块肉"的重要性。2017年，我在嘉御基金公司年会上主持过一个HR的讨论环节，参与人包括我和四位不同公司的CEO。这四位CEO所在的四家公司都是不同行业的领先企业。其中一个问题是问他们各公司的员工年人均营业收入，即公司年总收入除以员工总人数。其中三家介于人均30万元至50万元之间，而安克的人均收入达到380万元，是其他三家的8～10倍。

安克是由来自谷歌的几位年轻人创立的公司，总部在深圳，专做智能数码周边产品，是一个主打北美、日本、欧洲多国、中东多国线上市场的领先的智能配件品牌，畅销全球100多个国家和地区，拥有超过5000万忠实用户。致力在全球市场弘扬中国智造之美。

在论坛上，安克总裁赵东平说："其实我们只需要一半的人就能完成今年公司的业绩。"

换句话说他们的人均收入还可以高一倍。我接着问他那为什么还需要这么多人？他答："因为我们需要人去做明年、后年的工作。"

这一年，安克的一个人力资源目标是研发人员占比达到员工总人数

模块 5　三年规划

的 50%。

后来，我去安克公司参观的时候，东平给我介绍团队时还特别提到其中一个新来的研发总经理带着近 100 号人，不为当年带来一分钱业绩，都在忙未来两三年的事。

安克这么年轻的团队，其长远规划的能力令我印象深刻。

人无远虑，必有近忧。不知道你的公司未来三年规划做得怎么样？Top10 都是在忙今年的事吗？有多少的人在忙明年、后年的事？你的公司能像安克一样拿出 50% 的人力资源去忙明年、后年的事吗？

（4）女儿的教育——规划的重要性。

我的女儿在杭州接受了非常扎实的七年中式教育。她的特长是画画和数学。我们决定给她转换轨道，接受西式教育，并且特意选择了法语区的学校。

转换轨道，要面对一系列挑战：

- 这里中学 5 年，她晚一年来，还剩四年。
- 法语零基础开始，一般要 2 年才能学出来，有人甚至需要 3 年。
- 在法语班学习合格后，才能转到正常班。
- 私立中学只接受公立正常班一年级以上的学生。
- 这里的体系，在中学之后要读两年预科学校。有法语和英语两种选择。中学最后两年（相当于国内的高一、高二）的成绩决定预科学校的录取情况。
- 读完预科学校之后，转正常的大学。同样有法语和英语两种选择。

所以，我们得按照这里的游戏规则去进行规划：

- 2018～2020两年读法语班，目前成绩不错，下学期就可以转正常班。
- 接着2020～2022两年读正常班，和在法语环境下长大的孩子一起学习和PK，因为成绩的排名将直接决定预科学校的录取情况。
- 2022～2024两年上预科学校：选英语的还是法语的？要考哪一所？
- 2024考大学：选哪一所大学？去英语教学的学校还是法语教学的学校？学什么专业？等等。

我想用我女儿的教育规划，来说明时间真是弹指一挥间。管理公司和小孩的教育一样，需要从长远规划，要看三年甚至更远，不能做一年算一年。

这一模块看起来比较简单，内容也不多，但能做到也不简单。因为关键是看CEO是否能想明白战略。当对战略有了清楚的思路，三年规划才慢慢开始有轮廓，才能越想越清楚。

最后我们总结一下这一模块：

- 三年规划是公司的中期目标，又称为"三块肉"。
- 三年规划，向上衔接使命和愿景，向下为一年1～3件事、组织保障层面以及执行力层面提供靶子和方向。

模块 5 三年规划

- 三年规划，是滚动的三年规划，称为 3-1-Q。它能很好地适应变化和竞争，很实用，能带你不断接近和实现十年愿景。
- 三年规划，要符合目标设定的 SMART 原则：明确、具体，有数字、可衡量，跳起来够得着、可实现，相关的、有价值，有时效（机不可失，失不再来）。

下一个模块，我们将讨论一年 1～3 件事，更进一步地把使命、愿景落实下来。我们将学习什么是"少就是多、多就是少"，以及"可一可二不过三"。

动手做

1. 请把你公司的"战略"转化为三年规划。每年最多写三条。

   要求：每一点都尽可能详细，要符合目标设定的 SMART 要求，即明确、具体，有数字、可衡量，跳起来够得着，相关的、有价值的，有时间性（机不可失，失不再来）。

   格式如下：

   今年 _____ 年：吃一块

   （1）_____

   （2）_____

   （3）_____

   明年 _____ 年：夹一块

   （1）_____

   （2）_____

   （3）_____

   后年 _____ 年：看一块

   （1）_____

   （2）_____

   （3）_____

2. 检查三年之间是否相互衔接，以及三年规划是否符合十年愿景。

模块 6

一年1～3件事

希望通过学习战略和三年规划模块，各位已经对公司未来三年的发展方向有了一个清楚的思路。

接着我们继续往下落地，谈谈一年1～3件事。

What：什么是一年1～3件事

在精神层面，我们讨论了公司一辈子的使命和十年的愿景（长期目标）。然后，我们谈了公司的战略，即实现使命和愿景的具体打法，并且把这个打法转化为公司的三年规划（中期目标），又称"三块肉"。再往下，我们将要更进一步地贴近日常

模块 6 一年 1～3 件事

工作，来学习一年 1～3 件事，即短期目标。

在正式介绍一年 1～3 件事的具体内容前，我想请大家先思考一个问题：**在未来 6～12 个月里，你们公司最重要的 1～3 件事是什么？**

对于这个问题你有非常清楚的答案吗？Top10 对这个问题的回答一致吗？如果不一致，说明了什么？这个问题是不是很重要？

这部分内容其实是讲如何在前面三年粗计划的基础上，进一步细化未来一年的目标，并且目标必须非常聚焦。

有可能你的公司有 100 件事要做，但在这些事情里，你得知道对于公司来说第一重要的事是什么、第二重要的事是什么、第三重要的事是什么。

大家都知道 80/20 法则吗？

这是 1906 年由意大利经济学家帕累托提出的。事实上，80/20 现象随处可见，比如：

- 全世界最富裕的 20% 的人占有世界 82.7% 的资产。
- 微软说解决了 20% 的 Bug，80% 的问题就解决了。
- 棒球运动中 15% 的球员命中 85% 的球。
- 20% 的客户带来 80% 的利润。
- 20% 的电影带来 80% 的票房收入。
- ……………

因此对企业来说，关键是要找出那 20% 的事，把 80% 的时间花在这些能产生 80% 的效果的事上。

总而言之，时间不是——对等、平均分配的。

时间、精力有限，永远要把最重要的资源（人、钱、时间）投在最重要的事情上。排序很重要！

最容易的事不一定是贡献最大的事。而最重要、影响最大的事，则最难做，最需要关注。

做与不做，时间都在嘀嗒嘀嗒地流走。每天把时间花在那个影响80%结果的事（很重要，可以改变格局）上，还是花在只影响20%结果的事（不重要，很普通）上，会使公司和公司之间慢慢地拉开差距。就像马太效应所说：穷的会越来越穷，富的会越来越富。好学生和差学生，好公司和差公司之间的差别就是这么一天天产生的。

回顾过去一年、两年、三年里，公司让你觉得做得最有价值的事，是某几件事，还是某几十件事呢？

我相信答案一定是少数某几件最重要、最有影响力的事。

所以我建议：**公司每一年，有能力的只提1件事，没能力的提2件事，最多只可以提3件事！**

这些事不是一般的事，而是重中之重，能改变未来格局的事。这些事如果不做、不考虑，那就会贻误战机。

Why：为什么一年要做1～3件事

"13+1"是在构建一个体系，一年1～3件事是其中重要的一环。

模块 6 一年 1~3 件事

（1）承上：从确定使命（模块1）到确定十年愿景（模块2），到通过对战略（模块4）的思考，转化为三年规划（模块5），再确定公司的一年1~3件事（模块6）。

（2）启下：确定好三年规划和一年1~3件事之后，才能设计后面的组织保障和执行力两个层面。越到后面，你越会明白它们之间的衔接的重要性。

（3）一年1～3件事是CEO的KPI，是在看CEO能否抓住最重要的事。

- 在"13+1"体系里，CEO的KPI就两个——三年规划（模块5）和一年1～3件事（模块6）。
- CEO要通过同时抓住和完成一年1～3件事（短期目标）和三年规划（中期目标），来逐步实现公司的十年愿景（长期目标）。
- 只有制定了CEO的这两个KPI之后，才能接着制定Top10（班子）的KPI。同样，只有Top10的KPI制定之后，才能去制定Top100的KPI。

（4）少就是多，多就是少。

- 80/20法则。
- 李小龙说："我不怕练一万招的人，我只怕一招练一万遍的人。"
- 巴菲特的逻辑：只做一件事，有100%的精力；做两件事，每件事就只能分配到50%的精力。以此类推，做5件事，那每件事就只能分配到20%的精力。
- 一家餐厅宣传他们做川菜、粤菜、湘菜，什么菜都做。而另一家是山西人开的山西面馆，所有的服务员都是山西人。你觉得哪一家更靠谱？生意更好？
- 一个放大镜，在太阳底下，为什么能轻松把纸点燃？你敢不敢把手放在那里照？这叫什么？聚焦！

所以，这个模块要求我们：

第一，学会排序！什么第一、什么第二、什么第三。

第二，抓重点！因为能力、精力、资源实在有限，把时间、精力和能力用来抓第一件事，其次再抓第二件事，最多抓第三件事。

常见问题 ● ● ● ● ● ● ● ● ● ● ● ● ● ● ● ● ● ● ●

- 目标太多，不聚焦，而资源有限。
- 目标不一致，箭头乱飞，产生内耗。

图6-1和图6-2所示是两种状态：

图6-1表示一个公司的大箭头（外面）非常明确，各部门/Top10的中箭头（里面）也非常明确，大家都朝一个方向使力，产生很好的合力，支持着大箭头（向着公司的发展目标一同前进）。

图6-2表示另一个公司，各种目标，各种方向，五花八门，合在一起形不成合力，只有相互消耗。

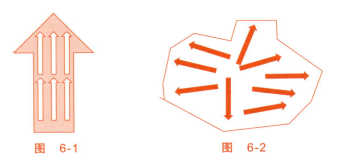

图 6-1　　　　　　　图 6-2

那么你公司的状态更偏向哪一种呢？

● ● ● ● ● ● ● ● ● ● ● ● ● ● ● ● ● ● ● ●

模块 6 一年 1～3 件事

How：一年 1～3 件事怎么做

（1）谁：CEO 为主，Top10 为辅（见表 6-1）。

表 6-1 一年 1～3 件事

	CEO 和 Top10 的权重和主要任务	
一年 1～3 件事（模块 6）	CEO：占 70% • 每年制定一年 1～3 件事 • 季度复盘	Top10：占 30% • 辅助 CEO 制定一年 1～3 件事 • 辅助 CEO 进行季度复盘

（2）回顾公司的使命、十年愿景、战略，特别是三年规划。三年规划的质量决定了一年 1～3 件事的质量。

（3）在三年规划的基础上，细化一年 1～3 件事，包括：

- 前面三年规划里，对每年的规划最多只有 3 条，且对每条的描述都只有几句话，描述的是大致的方向和追求。到了一年 1～3 件事，虽然只是 1～3 件事，但对每件事的描述，就应该更详细、更具体。
- 注明时间：从＿＿＿年＿＿月＿＿日到＿＿＿年＿＿月＿＿日。
- 要符合目标设定的 SMART 原则，即明确、具体（S），有数字、可衡量（M），跳起来够得着、可实现（A），相关的、有价值（R），有时效（机不可失，失不再来）（T）。
- 每一条都需要经过 Top10 讨论确定，CEO、Top10 要产生共识，这样利于后面的组织保障和执行力工作。

（4）格式如下：

一年 1～3 件事

时间：_____年____月____日到_____年____月____日

第 1 件事

详细说明：

第 2 件事

详细说明：

第 3 件事

详细说明：

（5）检查公司的一年 1～3 件事，是否符合并支持公司的三年规划，是否符合并支持公司的十年愿景。

注：有的公司是先想清楚了一年 1～3 件事，再去考虑三年规划的。无论怎样，短期目标和中期目标都得有。

（6）至此，我们应该已经完成以下内容：

- 用半页到 1 页纸，说明公司的使命。
- 用半页到 1 页纸，说明公司的十年愿景。
- 用 3～5 页纸，说明公司的价值观（游戏规则）。
- 用 1～2 页纸，说明公司的战略思路。
- 用 1～2 页纸，说明公司未来的三年规划（CEO 的 KPI）。

模块 6 一年 1～3 件事

- 用 1～2 页纸，说明公司的一年 1～3 件事（CEO 的 KPI）。

以上内容每位班子成员都应该清清楚楚，特别是公司未来的三年规划和一年 1～3 件事。

这里，为自己和团队已经顺利完成前 6 个模块的学习鼓鼓掌吧。

常见问题

- 目标太多，总觉得 3 个不够。这是因为还是没有聚焦，没有找到改变格局的突破口。
- 目标不一致，没有抓住十年的长期目标、三年的中期目标和一年的短期目标之间的递进和衔接关系。

案例和推荐

（1）简单测试：一年 1～3 件事（一定要做！）

在不做任何通知、准备和讨论的情况下：

- 给 Top10 发半张白纸，请大家分别把公司今年（未来 6～12 个月）最重要的 1～3 件事写下来。
- 每个人可以写 1 件，可以写 2 件，但最多写 3 件。
- 注意不是 Top10 成员自己的 1～3 件事，而是公司的 1～3 件事。
- 把这些纸片汇总在一起，看一下 Top10 写下来的这 1～3 件事，有多少是一致的，多少是不一致的？
- 每个 Top10 也可以让自己的下级（Top100）来回答自己部门范围内的今年最重要的 1～3 件事。

（2）体育彩票公司的 1000 万元预算。

下面这个案例会说明"一年 1～3 件事"是如何影响组织保障层面、执行力层面的其他模块的。希望引起大家重视。

在嘉御基金公司工作时，我们曾投过一个体育彩票（下文简称体彩）的项目。2013 年年底，有一天负责这个项目的合伙人朱海龙先生接到该体彩公司 CEO 和 CFO 打来的电话。他们在电话里提到最近在过 2014 年公司预算，其中一项市场费用涉及 1000 万元，用于投放在一个知名球队。负责市场投放的副总认为这个预算合理，而 CEO 和 CFO 认为不合理，双方各执己见，争执不下。他们打电话是希望我们作为有运营背景的投资人能给出专业意见，帮他们决策。

这件事如果是你碰到，你会怎么做？另外，预算这个话题，在"13+1"的体系里属于哪一个模块？

没错 预算属于计划模块（模块 9）。最早这个模块叫"预算"，但我觉得"计划"更合适、更贴切。关于这个话题我们到"计划"模块再详细介绍。

朱海龙和我们商量，隔着电话我们也无法判断，我们还是去一趟该公司，当面了解和参与吧。于是，我们就一起去了一趟那家公司，和他们公司的 Top10 一起开了一天的会。

会上，我们更多的是在帮他们主持、梳理，而预算内容和决策还是他们自己来决定。

讨论中，大家说到一个重要的话题，即"对于公司，2014 年最重要的事是什么？"（一年 1～3 件事）

2014 年是世界杯年，对于足球、体彩是个大年，四年才有一次。

所以很快大家就达成共识：2014 年最重要的事就是"世界杯"。

当时，这家公司的彩票业务还只是建立在 PC 互联网上。我们

模块 6 一年 1～3 件事

认为未来的趋势是在移动互联网上,而且这个体彩项目也是我们投的最后一个 PC 互联网项目。

他们的团队也看到了移动互联网的重要性,于是大家很快又有了共识:2014 年第二重要的事就是"移动互联网"。

再往后,大家讨论来讨论去,没有再找到第三件事。

最后决定:他们在 2014 年,就两件事:"世界杯"和"移动互联网"。

现在我们再回到这个案例开头的话题:"为某球队投放 1000 万元的市场预算是否合理?"

第 9 个模块"计划"应该是瞄准第 6 个模块"一年 1～3 件事"的。明白了这个逻辑,上面的问题就容易解决了。

在定了 2014 年的两件大事之后,他们再讨论预算就简单多了:

他们觉得 1000 万元市场预算不够,改为投 2000 万元。其中 1000 万元投"世界杯",另外 1000 万元投"移动互联网"。那个球队就不用投了。

大家是否明白了这个案例?你公司的预算是不是也应该符合这个逻辑?现在知道一年 1～3 件事(和三年规划)的重要意义了吗?

记住:模块 5 和 6 决定、影响着后面的模块 7、8、9、10。

这个案例,在组织架构模块,我们还会再谈。

(3)我女儿的兴趣班、未来规划和一年 1～3 件事。"13+1"是一种思考问题的方式,不光可以用在公司管理上,还可以用在小孩的教育上。

我的女儿小学时有一次写作文,提到她有十个兴趣班。看了这作文,我吓坏了。要知道,我还在外面和人家说聚焦,强调一年 1～3 件事呢。于是我和她一起讨论到底要什么、不要什么,最后只保留了三个兴趣班。她除了学校的功课之外，最大的兴趣爱好是画画和奥数。我另外还鼓励她有一个体育相关的爱好。因为我认为热爱运动会使人受益一辈子，同时又可以培养情商（自我管理 + 与人互动）。

在前一个模块（三年规划）里，我也曾拿她的教育来举例。"13+1"的方法，也可以用来帮她梳理和规划未来。比如：

愿景：要有十年的规划，希望十年后她能有自己的特长，从事自己喜欢的工作，当然更重要的是做一个好人。

三年规划：从中学到预科、大学的过渡，要考虑学校、专业的选择等。

一年1～3件事：要想实现愿景和三年规划，要想在绘画、数学方面有更多的发展，首先就要过语言文化关。所以，你问她现在最最重要的事是什么？她会说，就两个：法语 + 英语。她每周的时间安排都是这么做的。

这一模块内容不多，看似简单，实则并不简单，因为这是在制定 CEO 的第二个 KPI。CEO 的这两个 KPI 的质和量（模块 5 和 6），反映了我们战略（模块 4）的清晰程度。

最后我们总结一下这一模块：

- 在整个"13+1"的体系里，一共给 CEO 制定了两个 KPI：三年规划、一年 1～3 件事。
- 一年 1～3 件事，就是要确定今年公司最重要的 1～3 件事，

模块 6　一年 1～3 件事

- 是一年的短期目标。
- 有能力的提 1 件事，没能力的提 2 件事，最多只可以提 3 件事。
- 这 1～3 件事是能带来突破的事，是不做就会贻误战机的事。
- 承上：CEO 是通过完成"一年 1～3 件事"和"三年规划"来实现公司十年愿景的。
- 启下："三年规划"和"一年 1～3 件事"为后面组织保障和执行力两个层面提供靶子和方向。
- "一年 1～3 件事"和"三年规划"都是在考验 CEO 排序和抓重点的能力。
- "一年 1～3 件事"和"三年规划"的内容制订都要符合目标设定的 SMART 原则，即明确、具体（S），有数字、可衡量（M），跳起来够得着、可实现（A），相关的、有价值（R），有时效（机不可失，失不再来）（T）。
- "三年规划"和"一年 1～3 件事"要让 Top10 里的每个人都清清楚楚地知道和理解，以便下一步制订他们自己的工作方向和计划。

下一个模块，我们将进入组织保障层面，学习和讨论"架构"——又一个非常重要的管理工具。

动手做

1. 回顾你公司的十年愿景、三年规划。

   _____

   _____

   _____

   _____

   _____

   _____

   _____

2. 制订你公司的一年 1～3 件事。要求：

   （1）注昕是从_____年___月___日到_____年___月___日。

   （2）要符合目标设定的 SMART 原则，即明确、具体（S），有数字、可衡量（M），跳起来够得着、可实现（A），相关的、有价值（R），有时效（机不可失，失不再来）(T)。

   （3）每一条都需要经过 Top10 讨论确定，CEO、Top10 要产生共识。因为 Top10 对三年规划和一年 1～3 件事的理解和共识，将决定着后面架构、KPI、计划、激励的质量。

一年1～3件事

时间：_____年____月____日到_____年____月____日

第 1 件事

详细说明：

第 2 件事

详细说明：

第 3 件事

详细说明：

----

3. 检查公司的一年 1～3 件事，是否支持并符合公司的三年规划，是否支持并符合公司的十年愿景。

我们把前面 6 个模块串起来，让大家直观地看到它们之间的关系，见图 6-3。

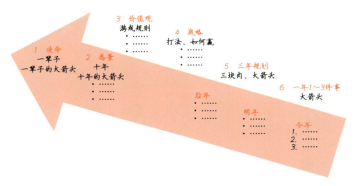

图 6-3 串起来

商业层面 小 结

（1）使命是一辈子的大箭头，需要用一辈子去追求。

（2）愿景是十年的大箭头，是沿着使命的方向，十年后要达到的目标（长期目标）。

（3）价值观是我们公司的"游戏规则"，是我们待人接物的成功之道。

（4）战略是打法，是说明我们将如何去赢。

（5）三年规划是大箭头，是 CEO 的 KPI，是未来三年要实现的事（中期目标）。

（6）一年 1～3 件事也是大箭头，是 CEO 的另一个 KPI，是今年最重要的任务（短期目标）。

商业层面
小 结

到此，通过前面的学习和讨论，我们手里应该有 6 件工具了。

除了前 3 件使命、愿景和价值观，还有：

第 4 件：战略，描述清楚我们如何看待行业环境、客户和竞争对手，以及我们如何选择、排序，集中资源去实现公司的愿景。

第 5 件：三年规划，在战略思考的基础上，制订的"吃一块"（今年）、"夹一块"（明年）、"看一块"（后年）的三年滚动规划，不断接近和实现十年愿景。

第 6 件：一年 1～3 件事，在三年规划之后，确定未来一年中最重要的事，并对其进行更加详细的描述。

拎一拎：战略、三年规划、一年 1～3 件事

- 第二个层面是_____层面，包括_____（模块 4）、_____（模块 5）、_____（模块 6）。
- 做战略之前，先要做好_____（模块 1）、_____（模块 2）。
- 战略是对环__、形__、未__的判断，是选__、排__和取__，是__什么不__什么，是集_____，产生竞_____。
- 嘉御基金描述商业模式与战略，用了 5 个字：__、__、__、__、__。
- 马云谈战略，说：这样下去，第一_____？第二_____？
- 曾鸣谈战略，要__中__，__中__，__分战，__分略。
- 三年规划里 3-1-Q 是指__年粗规划，__年细计划，_____复盘。
- 一年 1～3 件事里提到，公司常见的问题是：1. _____，不聚焦，而资源有限；2. _____，箭头乱飞，产生内耗。

答案：

- 商业 / 战略 / 三年规划 / 一年 1～3 件事
- 使命 / 愿景
- 境 / 势 / 来 / 择 / 序 / 舍 / 做 / 做 / 中资源 / 争优势
- 上 / 下 / 左 / 右 / 中
- 符合我们的使命吗 / 我们是离愿景越来越近还是越来越远
- 做 / 想 / 想 / 做 / 8 / 2
- 三 / 一 / 季度
- 目标太多 / 目标不统一

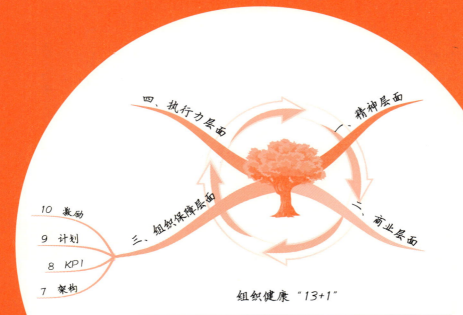

组织健康"13+1"

什么是组织保障？组织保障和战略的关系是怎样的？组织保障层面都要做什么？

三、组织保障层面

模块 7　架构

模块 8　KPI

模块 9　计划

模块 10　激励

第三个层面：组织保障

在学习和讨论完精神层面（第一个层面）和商业层面（第二个层面）之后，我们来看组织保障层面。

在前面"战略"模块，我推荐了马云在湖畔大学讲的"战略组织"。他说道：

战略之后，最需要做的一件事是：迅速调整组织。
战略最后不该只是一个计划，而是你落实到了什么样的组织、谁来干、考核指标是什么。落实这三个问题才叫战略落地。
战略调整，就要调组织或者调人。二者都调是最危险的。调组织比调人好。老人干新活，新人干老活。
战略确定之后调组织比定战略花的心思不知要多多少。调组织才是真正的战略实施。
没有完美的制度，没有完美的人。

兵马未动，粮草先行，说明了组织准备工作的重要性。我在前面也说过，在阿里巴巴，每次有人汇报新的商业计划时，别人通常会先看看汇报材料里面有没有"组织保障"的内容。如果没有，那这个汇报也就不用看了，因为这说明你就没准备好要怎么样把事情落地。

事情是通过人来完成的，而这里的人不仅仅是指个体的人，还指把人和人连接起来的组织。

前面提到战略 > 组织 > 人，即先考虑好战略，然后做好组织工作，再具体落实到人。

赢，需要一个高效的组织。高效与否，是看组织能否有效地帮助我们实现使命和愿景，是否能有效地帮助我们完成三年规划和一年1～3件事。

组织保障工作是有方法和有要求的，涉及的内容包括：

- 分工，责任划分。
- 分任务，目标分解。
- 分资源，各需要多少人、钱、时间。
- 定奖罚，做到怎样奖励和做不到怎样惩罚。

对应的就是四个模块、四个动作，并且要按这个顺序：

7　架构 > 8　KPI >
9　计划 > 10　激励

模块 7

架 构

What：什么是架构

架构是组织保障的第一步。

前面已经完成了精神层面、商业层面的工作，确定了公司十年的长期目标、三年的中期目标和一年的短期目标。这些都是以 CEO 为主去实现，Top10 只是扮演辅助的角色。接着就是要把工作逐渐从 CEO 向 Top10 以及 Top100 传递。CEO 和 Top10 将开始扮演越来越重要的角色。

架构就是 CEO 根据自己对 Top10 成员的了解和判断，确定他们的分工和责任。就好像我们是一家人，CEO 这个大家长要确定谁负责做饭，谁负责买菜，谁负责洗衣服，谁负责打理

模块 7 架 构

花园，等等。

前面说过：使命和愿景是房顶，决定了公司的高度；价值观是地基，决定公司有多牢固，是否能经得起风吹雨打。而架构相当于组织的房梁（承重墙），决定了公司的走向、布局，比如是重视前台还是后台，是重产品研发还是销售，是集权还是分权，是大总部还是小总部，等等。

Why：为什么架构重要

管理是一个体系活儿，"13+1"的每一个模块都是这个体系里重要的一环。架构也很重要：

（1）承上：确定使命并制定十年长期目标、三年中期目标和一年短期目标（CEO 的两个 KPI）后，接着是要通过架构、KPI、计划和激励，把 CEO 的任务分解给 Top10。

（2）启下：有了架构（给 Top10 分工）之后，才能去制定 KPI（给 Top10 分任务），以及做计划（给 Top10 分资源）和定激励（给 Top10 定奖罚）。

（3）战略 > 组织 > 人。

a）这个已经说过多次：战略决定组织，组织决定人。战略想明白了，才知道如何搭组织；组织想明白了，才知道如何去用人。

b）战略变，组织变。战略是我们对行业环境、对客户、对竞争对手、对未来进行分析之后的判断。外部环境总是千变万化，所以相应的打法也要随时调整。这一点很像军事战争类电影里的镜头，在指挥所里，指挥官和参谋们在不断地收集、分析前线传回来的各种信息，然后不断地调整战略部署，以及根据变化重新调兵遣将。

随着战略的变化，组织工作必须马上跟上。组织不动，战略就是空话。所以说战略制定之后，要迅速调整组织。

c）改变架构，改变行为。大家都知道：屁股决定脑袋。往往人的位置在哪儿，思考问题的出发点就在哪儿。因为不同的位置代表着不同的职责和权利，所以架构的设计会直接决定了人的工作行为。例如，这个新来的技术专家放在研发部门，还是放在业务支持部门？新来的高管是向 CEO 汇报还是向 COO 汇报？等等。后文中我们会用案例再做详细说明。

总之，架构是管理中很重要的一环，是组织保障的第一步。这里做偏了，后面的 KPI、计划和激励都会走偏。

架构等组织保障的工作能帮我们把梦想和目标落下来，越来越接地气，直接影响着我们的日常工作。

How：架构怎么做

（1）谁负责：CEO 为主，Top10 为辅。CEO 是决策人，Top10 提供建议和想法（见表 7-1）。

模块 7 架 构

表 7-1 架构

	CEO 和 Top10 的权重和主要任务	
架构 （模块 7）	CEO：占 70% ● 每年根据对战略的思考和对 Top10 的了解，确定此时此刻实现三年规划和一年 1～3 件事的最合适的架构 ● 把合适的人放在合适的位置上 ● 季度复盘，按需调整	Top10：占 30% ● 和 CEO 沟通自己的建议，找到最能贡献自己特长和最被需要的位置

（2）CEO 要多思考。

- 对事的思考：要把公司的使命、愿景和战略想清楚，要明确中期目标和短期目标分别是什么。清楚战略和组织的关系，做到战略变，组织变。

- 对人的思考：对 Top10 里每个人有非常清楚的认识。包括每个人的特长和短板；谁合适做什么，谁不合适做什么；Top10 里每个人的脾气性格，他们之间如何搭配；分配重要的工作时，谁是第一人选，谁是第二人选；手里还缺什么牌，如何能拿到这张牌。

- 平衡：是收权还是放权？是集权还是分权？怎么让 Top10 有动力，同时怎么又能不失控？

- 时间点/优先等级：先抓什么，后抓什么？什么可以等，什么不能等？

（3）除了多思考，还要多尝试，不断调整。有一种说法认为管理是科学＋艺术。我认为管理更像是一门手艺活儿。就像学做陶艺，要想提高，就得多做，越做越有手感。

- 多尝试：调人还是调组织？抑或都要调？
- 调组织：设立哪些部门？取消哪些部门？是合并还是拆分？
- 调人：谁负责什么？谁更合适？谁不合适？

没有完美的架构，也没有完美的人。每种结构安排都有利有弊。通过不断地调整人员，去打胜仗。通过调整，才能在更多的实战中发现人才，让人才冒出来。

（4）做架构的目的：**实现三年中期目标（三年规划）和一年短期目标（一年 1 ～ 3 件事）**。在考虑组织架构方面，有各种花样：直线制、职能制、矩阵制、项目制、事业部制，还有网络式。

无论什么制、什么式，架构设计思考要瞄准的靶子都只有两个：实现三年中期目标和一年短期目标。两个目标都重要，都要抓，一个是为今天，一个是为明天。

再次强调：

- 三年中期目标和一年短期目标都要瞄准十年长期目标（战略）；三年规划和一年短期目标是 CEO 的两个 KPI。
- 架构、KPI、计划、激励都是用来瞄准三年中期目标和一年短期目标的。

检验标准：

- 这个架构能否让我们更好地实现战略？能否让我们更好地服务客户？能否让我们更好地打败竞争对手？
- 这个架构是否能帮助我们更好地去实现三年中期目标及一年短期目标？

常见问题 ●●●●●●●●●●●●

- 战略、三年中期目标、一年短期目标没有想清楚，没有弄明白。
- 战略有了变化，架构没有跟着变。

模块 7 架 构

- 用人不当。很多时候，知道人不合适，也没有采取必要的行动。这样的组织是一潭死水或温水，没有激情、使命感。组织长此以往，战略将变成空话。
- 兼职过多。特别是有能力的人，身兼数职。这个问题在 KPI 模块会再次提及，每个人都要确定他的最重要的 1～3 件事。

● 案例和推荐 ●

（1）某化工企业：战略突出，组织层面却比较松懈。多数情况下，一家公司卡壳的地方都是战略没有想清楚，而这家公司在战略思考上面下了很多功夫，和其他企业相比做得非常好。

他们认为自己的问题出自组织层面，却想不出很好的解决办法，因此想从"13+1"的课堂中寻求答案。

接触下来确实如此，他们在组织保障层面开始松懈。

我的判断是：他们智商高、学历高，比较擅长逻辑思维，所以在商业层面做得非常好。可是除了抓事之外，他们需要锻炼用另外一只手去抓人，这需要对人进行更多的关注和思考。

我举这个例子的目的是想让大家明白：确定战略虽然很重要，但是不代表确定完战略，工作就结束了，战略就会实现了。

战略确定之后，应该马上认真地考虑如何给 Top10 分工、分任务、分资源，以及如何定奖罚（模块 7、8、9、10）。这些都是非常有价值的工作，是战略落地的第一步。

（2）阿里巴巴的案例内容比较多，希望能给大家带来不同的思考。

a）员工抱怨，组织动荡。很多时候，初次遇到以前在阿里巴巴工作过的人时,他们总是喜欢问:你在阿里巴巴换过几个领导、几个部门,搬过几次办公室。确实,阿里巴巴在组织调整上做得比较频繁,以至于员工有抱怨。这种折腾,虽然普通员工不能理解,但也都是公司以业务为出发点而不得不做出的改变。

有时候这种折腾是对的、有效的,也有时候是错的、无效的。大家听到的更多是阿里巴巴的成功案例,但其实失败的也有不少。敢于折腾总比不敢折腾强。即使员工不理解,管理者为了行业环境、客户、竞争对手等因素,积极求变,试错折腾是在所难免的。

事实是,一个公司只有经过不断的折腾,组织的灵活性才会越来越好。人才也是大浪淘沙,在一趟趟中折腾锻炼出来。在组织架构方面,大多数公司是瞻前顾后,不敢折腾,或折腾不够。

b)合久必分,分久必合。2007年,阿里巴巴提出"七剑下天山",也就是让七家子公司各自独立打天下,希望每一家都能打出一片天来。

到了2012年,阿里巴巴又提出了"One Company"的目标,也就是要求各个独立的子公司开始形成合力,对很多部门进行了合并。

在管理中,有时要把权力收上来,有时候要放下去。收是为了不失控,放是为了获得更多活力。就像开车一样,有时候加加油,有时候减减速;有时候方向盘打左,有时候打右。因为没有一个人能一帆风顺地到达目的地,所以要不断地动态调整。

合是对的,分也是对的。一成不变是不对的。只要觉得哪里味道不对了,该变就得迅速地变。这种拥抱变化的组织变动能力也是一种竞争力。

c)老人做新事,新人做老事。这是一句阿里巴巴的土话,也是通过一次次组织变动得到的经验教训。

模块 7 架 构

在人员安排使用方面，一般有如下五种情况：老人做新事、老人做老事、新人做新事、新人做老事以及老人和新人组合做事。

你们公司一般怎么做？是上面哪一种情况？

阿里巴巴的经验就是：老人做新事，新人做老事。最怕的就是新人做新事。这些都是真金白银买来的经验和教训。

老人做新事：老人有着对公司文化、政策、流程和资源熟悉的优势，做新事能让他找到工作的新鲜感和新的激情。

新人做老事：新人首先需要对公司文化、政策、流程和资源进行熟悉和了解，他们在做老事的过程中，说不定还可以为公司带来新的思路。

老人 + 新人组合的模式也是可以的。

d）阿里巴巴大轮岗（每次调整都是转变的需要）。大家有时会在媒体上看到关于阿里巴巴大轮岗的有关报道。

阿里巴巴对高级干部的管理有这样一种说法：高级总监以上的职务的调动权在集团，相当于组织部直管。这样的干部在几万名员工里，有两三百号人。

这样做的好处是：在高级干部的协同、调动方面，有较高灵活性，公司可以看着全局决定哪个牌用在哪里。

这种轮岗每隔几年都会发生一次。如2012年发生过比较大规模的轮岗，涉及对20多位高级干部的调动。

阿里巴巴的轮岗比较狠，不光是跨公司，还有跨职能。比如，搞客服销售的，转去做HR，搞技术的转去做服务，都很正常。前台、中台、后台不固定。

跨公司、跨职能调动，有人成功，有人不成功。但这就是人才成长的最佳途径。那些能经得起各种锻炼的人才，后来会得到更多的机会,担更大的责任。公司也因此培养出了一大批具有跨公司、跨部门经验的,有自己公司 DNA 的高级干部。

当然,每次轮岗、调整背后,都有各种各样复杂的原因。2012年比较大的事件就是聚划算的腐败,当然还有各公司的小圈子壁垒、内部协同困难等问题,以及公司要做"One Company"的目标变化。

总之,大轮岗利于打破一潭死水,激发活力。

上面所说,都是想再次强调:人是为组织服务的,组织是为战略服务的。组织能力是一种竞争力。

(3)本彩公司移动事业部。在前一个模块"一年 1~3 件事"里,我给大家讲过这家公司。这里再用这个案例来讲一下架构。

前面提到,他们 2014 年最重要的事情只有两个:一是世界杯,二是移动互联网。

早在 2013 年公司已经意识到移动互联网的重要性,专门成立了移动互联网的部门,想从一个 PC 互联网公司转型为移动互联网公司。但是他们的组织规划出了问题。他们的总部在深圳,而移动互联网的部门放在了北京。当时的理由是移动互联网的人才在深圳不好招,而在北京比较好招。看似合理的理由,不代表是好的解决方案。

你要知道:这家公司的 CEO、CFO、COO 和运营大本营都在深圳,北京只有一个负责市场部的副总。当时因为移动团队在北京,所以公司决定让他们向市场部副总汇报。

根据上面信息,你发现了什么问题吗?

a)新人做新事。

这样做为什么有问题?为什么不容易成功?想象一下,公司的

模块 7 架 构

运营核心和资源都在哪里？在深圳。新人对人脉、对流程、对环境都不熟悉，在获得资源和支持方面，怎么能抢得过做 PC 互联网的老团队？所以公司还是被 PC 互联网的惯性带着走。

b）屁股决定脑袋。

这个新团队放在市场部总经理下面，而非放在 COO 下面，他们提出的解决方案是否靠谱？如果靠谱，那怎么发力？怎么去改变公司 PC 互联网现状？

他们认为，要真正重视移动互联网，就不应该单独设置一个移动互联网部门。他们决定取消北京移动互联网部门，把移动互联网的任务指标放在每个运营团队里。移动互联网不再是某一个部门的事，而是所有部门的事。从那以后，这家公司的移动互联网业务就逐渐步入正轨了。

这个案例又一次说明了架构设计的重要性，以及架构的改变能够带来行为的改变。

最后我们总结一下这一模块：

- 明确了十年的长期目标、三年的中期目标和一年的短期目标之后，就要开始做组织层面的工作，把工作逐渐从 CEO 的手里传递到 Top10 以及 Top100 的手里。

- 组织保障层面的任务就是帮助 CEO 完成三年中期目标和一年短期目标（两个靶子）。

- 组织保障包括四个动作：分工（架构）、分任务（KPI）、分资源（计划）、定奖罚（激励）。
- 架构是CEO在确定了三年中期目标和一年短期目标之后，基于对Top10成员的认识，对他们进行分工。
- 架构有着承上启下的作用，是组织保障的第一步。这里做偏了，后面的KPI、计划、激励都会走偏。
- 战略变，组织变。改变架构，改变行为。
- CEO需要多思考、多尝试，管理是一门手艺活儿。
- 老人做新事，新人做老事。

下一个模块，我们将学习KPI模块，一个大家比较容易出问题的环节。我们将讨论制定KPI时要注意什么，如何把握好KPI这个管理环节。

动手做

1. 请再次确认你公司的三年规划和一年 1～3 件事是否清晰明确？如果不是，那就抓紧做。

2. 作为 CEO，你对 Top10 中每个人是否有清晰的认识？可以做一张表，列出每个人长处短板、他们彼此和谁比较搭 / 不搭，等等。

3. 作为 CEO，要想实现三年规划和一年 1～3 件事，你打算如何设计架构？比如你都需要设计哪些岗位？谁是第一人选，谁是第二人选？你还可以征求 Top10 的意见。

4. 架构和分工确定之后，你作为 CEO 是否单独找 Top10 进行了沟通？你要让他们知道他们的工作与三年规划、一年 1～3 件事的联系。你是否和他们就责任和权力以及他们如何搭他们的班子和团队进行了沟通？

5. 你需要检查：

（1）这个架构是否能很好地支持和完成三年规划和一年 1～3 件事？

（2）是否把合适的人放在了合适的位置？

（3）是否明确要求和期望？

（4）是否符合老人做新事，新人做老事？

（5）每个季度再复盘，按需调整。

总之，排兵布阵需要认真、慎重，从这一个模块开始要把工作逐渐从 CEO 向 Top10 以及 Top100 传递。架构做偏了，后面都会走偏。也就是说，架构不顺，到头来还得重新调整返工。

当然，没有完美的架构，有时候就是摸着石头先过河，遇到问题再及时调整。

模块 8

KPI

我们已经完成了组织保障的第一步——架构,并且开始把工作逐渐从CEO向Top10以及Top100传递。接着我们来看组织保障的第二步KPI,这个非常有意思,也比较容易出问题的环节。

What:什么是KPI

KPI,英文key performance indicator的首字母缩写,即关键绩效指标。KPI是通过制定关键绩效指标来实现公司的业绩,它已经成为绩效管理的代名词。

我不太喜欢用这个词,但是因为一说KPI大家就都知道是

模块 8 KPI

在说绩效指标,所以这里继续使用,只不过在"13+1"里会给出不一样的、更好的定义和要求。

一般公司给部门、给员工制定 KPI 时都会设置 7～8 个指标,每个指标所占权重在 5%～15% 之间不等。我认为这样不够聚焦和准确,也不便于管理。在"13+1"里,我会给大家一个不同的思路。

首先来定义:虽然这个模块叫"KPI",但其实更好的、更合适的名称应该是叫"中箭头"。意思是把 CEO 的三年规划和一年 1～3 件事(这两个大箭头)转化为 Top10 里每个人的一年 1～3 件事(中箭头)。

有关箭头的说明详见表 8-1。

表 8-1

"13+1"模块	比喻为	说明	要瞄准
使命(模块1)	一辈子的大箭头	公司终极方向	
愿景(模块2)	十年的大箭头	沿着使命方向,十年要达到的目标	使命(模块1)
三年规划(模块5)	大箭头	CEO 的 KPI	愿景(模块2)
一年 1～3 件事(模块6)	大箭头	CEO 的 KPI	愿景(模块2)
KPI(模块8)	中箭头	Top10 的一年 1～3 件事	三年规划(模块5) 一年 1～3 件事(模块6)
计划(模块9)	小箭头	Top100 的一年 1～3 件事	Top10 的一年 1～3 件事(模块8)

注:
① CEO 的任务就是通过完成三年规划和一年 1～3 件事,去实现愿景。
② Top10 的任务就是通过完成 KPI,去支持 CEO 完成三年规划和一年 1～3 件事。
③ Top100 的任务就是通过完成他们的一年 1～3 件事,去支持 Top10 完成 KPI。
④ 中箭头是这个模块的重点,小箭头的工作将在下一个模块"计划"里详细讲解。

Why：为什么要制定 KPI

我们这是在建立一套简单好用的管理体系，KPI（中箭头）模块同样是一个重要的环节。

（1）承上：把 CEO 负责的两个大箭头（三年规划和一年 1～3 件事）传递给 Top10，确定 Top10 里每个人的中箭头。

如图 8-1 所示，外面的大箭头代表 CEO 的两个 KPI（三年的中期目标和一年的短期目标），里面中箭头代表 Top10 的 KPI（每个人的一年 1～3 件事）。

图 8-1

（2）启下：确定 Top10 成员的中箭头之后，还要确定各部门里每个人的小箭头（Top100 的 KPI）；然后是分资源（模块 9：计划）和如何奖如何罚（模块 10：激励）。再往后，到了执行层面，需要去做日常跟进（模块 11：沟通）、季度、半年、年度检查（模块 12：考核）。这些也是为人才盘点和领导力判断提供依据。

（3）多就是少，少就是多。这个道理，其实我们在一年 1～3 件事里已经详细说过。有必要可以回去复习：80/20 法则、李小龙、巴菲特、放大镜……

如果 KPI 定了太多指标，说明还是没有找到最重要的。要质量，而不是要数量。这里建议：

- 如果你有很多目标，你一定要对这些目标按重要程度进行排序。还是那句话：有能力的提 1 件事，没有能力的提 2 件事，最多只

模块 8 KPI

能提 3 件事。因为时间精力有限，到后面执行层面，我们需要投入人、钱、时间，还需要讨论跟进，能认真做好 1～3 件事就很不错了。所以确定优先排哪 1～3 件事很重要。

- 如果 Top10 里的每个人都能完成 1～3 件事，加起来就是 20～30 件事，其实并不少。关键是这 20～30 个中箭头加起来要大于等于 CEO 的两个大箭头（三年规划和一年 1～3 件事）。
- 再往下，Top10 成员给部门员工制定的 KPI（小箭头）也要符合这个逻辑，即只确定 1～3 件事，并且所有小箭头加起来要大于等于中箭头。

（4）KPI 是风向标。每个人或多或少都是 KPI 动物，KPI 指向哪里，人的行为就会转向哪里。因为 KPI 对应的是激励，会决定员工能获得多少奖励。考核什么，就会得到什么。所以需要认真、慎重地考虑 KPI 的导向性。KPI 定错了，后面的计划、激励、沟通、考核、人才盘点都会出问题。

How：KPI 怎么做

（1）谁负责：CEO 和 Top10 一起（见表 8-2）。

表 8-2 KPI

	CEO 和 Top10 的权重和主要任务	
KPI（模块 8）	CEO：占 50% • 每年确定 Top10 每个人的 1～3 件事（中箭头） • 季度复盘，按需调整 • Top10 成员之间大箭头、中箭头公开透明	Top10：占 50% • 和 CEO 沟通，确定每年自己负责岗位的 1～3 件事（中箭头） • 中箭头瞄准三年规划、一年 1～3 件事

（2）再次确认：三年规划和一年1～3件事是否明确，因为这是CEO的两个KPI，是公司的一年到三年的大箭头，是Top10每个人制定KPI要瞄准的靶子。

（3）根据之前架构的设定（每个人的责任、权力等），开始确定Top10里每个人最重要的1～3件事。建议如下：

a）手艺活儿：做管理、制定KPI等都是手艺活儿。边做边思考，不断尝试，就会越做越好。

b）前后多沟通：如果前面三年规划、一年1～3件事的形成过程，Top10都积极地参与进来，并且非常认可的话，那么到了他们的KPI制定过程就会比较轻松。有时需要来来回回多开几次。

c）用好"1+1+HR"：前面介绍过，第一个1是上级，第二个1是上级的上级。这里是提醒大家用好两级管理。制定完中箭头之后，还需要制定小箭头，除了HR，CEO也需要关心下下级的KPI。

HR帮助CEO和Top10把管理体系串起来，确保公司上下目标和方向感的共识和同步。

这一系列工作将会决定和影响后面的计划、激励以及沟通、考核和人才盘点。

d）战略意图 + 含金量。制定KPI不应该只是数字的简单叠加，而是要体现"战略意图"和"含金量"。

什么是简单的数字叠加？比如，公司给我1000万元的净利润任务，我手下有 5 个人。那我如何分配指标？我给他们每个人下 250 万元的指标，这样我就下了 1250 万元的指标，给自己留了余量。

再比如，今年我完成了 1000 万元利润的目标，明年公司给我在这个基础上再加 30% 或 50%。这些做法都属于简单的数字叠加，只是一味地追求数量。

好的 KPI，不应该只是表面上的数字叠加。而是要体现七个字："**战略意图**" 和 "**含金量**"。意思就是不要随随便便定 KPI，因为它是风向标。每个 KPI 都应该有战略意图，要么瞄准三年规划，要么瞄准一年 1～3 件事；每个 KPI 也要有含金量。这两点要求我在后面举例里会再详细说明。

e）要符合目标设定的 SMART 原则：即明确、具体，有数字、可衡量，跳起来够得着，可实现，相关的、有价值，有时效（机不可失，失不再来）。

f）所有的中箭头加起来要大于等于大箭头。同理，再往下，Top10 成员给自己下面的员工制定的 KPI（小箭头），也要加起来大于等于自己负责的中箭头。

g）把 KPI 贴出来，公开透明。相互监督、相互支持、相互补台。

公司的使命、愿景和价值观可以不贴出来，但是 Top10 成员的 **KPI 一定要公开透明，要贴出来**。这里的贴不是说一定要上墙，而是让成员之间都相互知道，无论你是发文件还是用系统。总之，让各部门之间随时都能知道前台、中台和后台的中箭头是什么，知道大家在忙什么。

了解每个人的中箭头,大家就可以相互监督、支持和补台。在同一家公司里,大家应该相互支持、相互合作。公开 KPI 中箭头,可以让大家知道你的方向是和我的一致还是相互冲突,你是能帮到我还是在拖我的后腿。

常见问题

(1)目标太多,不聚焦。这个前面提过。问题还是出在想要的太多,但又不知道重点在哪里。

你可以有 5 个、10 个,甚至 15 个目标。但一定得知道哪个排第一,哪个排第二和第三。

因为等到了后面分资源、定奖惩、执行层面的沟通和考核等环节时,你就会发现人、钱、时间等非常有限,还是要聚焦、聚焦再聚焦。

(2)目标不一致,箭头乱飞。前面也提过。所有的箭头需要确保方向的一致性,也就是:CEO 的三年规划和一年 1～3 件事是瞄准使命和十年愿景的;Top10 的中箭头(KPI)是瞄准 CEO 的三年规划和一年 1～3 件事的。只有具备这种一致性,像汽车的四轮定位一样,大家的力才会往一处使。下面的小箭头也是同理。

(3)CEO 不考核 Top10。问题出在这么几个原因:CEO 是否想明白战略？CEO 是否确定了三年规划和一年 1～3 件事？Top10 是否参与和认可未来三年规划和一年 1～3 件事？确定三年规划和一年 1～3 件事之后,Top10 里每个人是否有明确的分工和中箭头任务？这样他们可以各司其职、各尽所能去帮助 CEO 实现公司的三年规划和

模块 8 KPI

一年 1～3 件事。

如果没有对 Top10 的考核，后面计划、激励，以及执行层面的一系列动作，包括领导力都只能空转，没了发力的抓手。

（4）不考核管理者，只考核员工。这种现象也有。这相当于从商业层面到组织保障层面就开始出现断裂，没了衔接。

（5）认为考核是 HR 的事。这个也比较多见。老板总希望请个好的 HR 把这些活儿都揽过去，以为 HR 就是所有方案的制订者和实施者。这种观点非常普遍。

好的 HR 应该是润物细无声地存在着。"1+1+HR"里三个人的权重分别是：40%、40%、20%。也就是说一个公司的组织能力，40% 的责任在 CEO，40% 的责任在 Top10，只有 20% 在 HR。

HR 应该是在后面，而不是应该冲在前面。HR 是帮助 CEO 和 Top10 去建立体系，提供工具的人。但这个体系的用户是 CEO 和 Top10。CEO 和 Top10 应该通过多用这些不同的管理工具，去找到适合公司的方法。因为最终的目的是打仗，是为客户创造价值，是能更好地去竞争，去实现公司的目标。所以制定 KPI，至少 80% 的责任在 CEO 和 Top10。

● 案例和推荐 ●

（1）有关 BSC。

BSC 就是平衡计分卡。早在华润工作时我就开始接触这一工具了。华润把它当作投资管理的主要工具，从财务中心开始在全集团推广平衡计分卡。华润对当时 25 个利润中心都用平衡计分卡作为绩效考核的二具。

后来，在做咨询的时候，我最常使用的工具就是平衡计分卡。当时我之所以觉得好用，是因为这是一套从战略到执行都覆盖到的工具。

但随着工作的展开，我在一次次和客户的互动中，发现这个体系还是太庞大了，一般公司使用起来还是很困难，有一种阳春白雪的感觉。也正因为是这样，我后来才有了要做一套更适合下里巴人的管理工具和方法，也就是这个"13+1"。

所以如果你感兴趣的话，可以去学习了解一下 BSC 体系，但使用的话，还是小心为好。把"13+1"搞清楚，把这个更简单、更基础的体系做好就够了。只有适合自己且好用的方法才是好方法。

在使月该方法前，你需要：

- 首尧，要有清晰的战略，特别是要明确三年中期目标和一年短期目标，因为这是 CEO 的两个 KPI。
- 其次，让 Top10 从一开始就加入进来，形成对公司的使命、愿景、价值观、三年中期目标和一年短期目标的参与感和认同感。否则就不算是合格的 Top10 了。
- 通过反复的上下沟通，让 Top10 都围绕公司三年目标和一年目标这两个大箭头，来制定他们相应的 KPI（中箭头），确保中箭头加起来大于等于大箭头。
- 再往下，Top10 成员也应该和他们自己的团队沟通，制定团队旦每个人的 KPI（小箭头）。做到小箭头加起来大于等于中箭头。

模块 8 KPI

- 有了这些，后面的计划、激励、执行才会步入正轨。
- 制定 KPI 时最好的状态应该是，大家首先对公司的大梦想、大目标、大箭头非常认可，然后大家各自制定比较好玩、有挑战的中箭头，去支持公司的大箭头。

（2）体彩公司案例的延伸。

前面提到了体彩公司 2014 年最重要的事就两件：a）世界杯；b）移动互联网。这也是 CEO 的 KPI（大箭头）。那么按照这个思路，他们的 Top10 成员就应该围绕上面两个目标制定各自的目标（中箭头）。要求是所有中箭头加起来要大于等于大箭头。

（3）阿里巴巴的例子。

这里给出了各种事例供大家参考。特别是希望能帮助大家理解制定 KPI 的七个字要求："战略意图"和"含金量"。

马云在制定 KPI、给方向上还是非常厉害的，他在公司的每个发展阶段都能给下属设定一个（而不是多个）又狠又准的目标：

a）淘宝对于其公司规模的衡量标准是 GMV（成交总额）。当孙彤宇（淘宝创始人）把淘宝做到 8 个亿 GMV 的时候，马云说："8 个亿算什么，做不到 80 个亿，就白干了。"每次马云给的目标，都让团队感觉是不可能做得到的，但厉害的是大家最后还是吭哧吭哧地都实现了。

b）再往后，淘宝的 GMV 一路摸高，2008 年达到了 1000 亿。这时，大家都觉得真是太牛了。而马云在那一年的一次组织部大会上对全体干部说，淘宝做不到 1 万亿，就白干了。当时又是令所有高管们惊愕不已。

c）2008 年初陆兆禧被马云调到了淘宝出任第二任 CEO。熟悉了一段时间之后，陆兆禧觉得遍地是黄金，认为自己很快就能让淘宝开始盈利（当时是每年亏损2个亿）。他的想法把马云吓坏了。马云给陆兆禧的指标是，不准盈利一分钱，否则所有的人没有奖金。并且他还宣布集团追加投资淘宝50亿元。

d）记得2011年年底，淘宝的一家竞争对手在媒体上提到2012年2万员工不够用，需要再增加2万人。而马云对生意的思考是不一样的，他认为做业务不能靠人肉堆出来。

什么是人肉堆出来的？如果100人做1个亿GMV，那200人可以做2个亿GMV，300人可以做3个亿GMV。

马云认为业务增长的速度要大过人员增长的速度。所以2012年他给淘宝的KPI是1个人1亿GMV。当时淘宝共有7000名员工，也就是说要完成7000亿交易额。

前面我们说过人都是KPI动物。有了这个KPI，淘宝会怎么做？

当然是把人数控制住。淘宝规定员工只能出，不能进。每进一个人都需要CEO特批（这可不是马云的意图和要求）。

那一年淘宝"双十一"完成了193亿（元）交易额，其中有三家店一天过亿。

淘宝全年实现了10 000亿（元），超额完成KPI。

e）如果你作为老板，过了10 000亿（元）交易额，那么下一年应该给淘宝什么样的KPI呢？15 000亿（元）？20 000亿（元）？

还记得那七个字吗？"战略意图""含金量"。

这一次马云给的KPI是"100万（元）×100万（元）"。什么意思？我们先来理解一下淘宝的生意模式：这里面主要有买家和卖家，其次还有支付、物流等服务方。淘宝主要是通过对卖家的管理，去

模块 8 KPI

服务和满足买家的需求。

当时的情形是：淘宝的卖家可以分成三个级别：大户、中产和虾米（见图 8-2）。

那时大户们在忙什么？在想什么？他们在开会，在开"出淘"会。因为他们的鸡蛋都在一个篮子里，他们要考虑：要不要开线下实体店？要不要去京东、唯品会？还是自己建独立网站？

图 8-2 淘宝卖家

另一个极端是虾米。很多这样的店淹没在茫茫大海之中，说不定一年也做不到一万块。

那么淘宝平台的未来要靠谁？大户？虾米？还是中产？

社会稳定要靠中产阶级！淘宝也是一样，所以就有了这个 KPI：100 万家 ×100 万 GMV/ 年。大家就是要服务好这些中间的店家，帮助 100 万家实现 100 万（元）的年交易额。100 万 ×100 万还是 10 000 亿交易额，但是这就健康很多。按照这样的模式经营，淘宝后来就有了大户 10 000 亿（元）交易额，中产 10 000 亿（元）交易额，虾米 10 000 亿（元）交易额的健康规模。

（4）美容店老板制定 KPI——简单、直接！

2017 年我听过一位美容店老板做的分享。他们是做高端美容的。他提到他们把客户分为 6 个级别：A、B、C、D、E、F。其中 A 是每年消费 3 万元的客户，B 是每年消费 1.5 万元的客户。

那一年他给所有门店的 KPI 考核就是：要求 A、B 两类客户数翻番。也就是说，公司不关心 C、D、E、F 后四档客户情况，可增可减，但是要求 A 和 B 两类必须翻倍。

就这么简单、直接、有效！

（5）武汉建筑行业的案例——理想的状态。

这是我接触到的一个处在传统行业里的公司。他们来学习用"13+1"梳理公司的管理模式，给我留下了很深刻的印象。

一开始这个CEO还比较担心大家对公司未来的不理解，或者对他有抱怨。当然老板自己压力大的时候，也可能沟通不够。

当Top10进入了学习状态，大家便兴奋起来，开始讨论公司未来的各种机会和可能性。每个人都按捺不住，对未来的目标，无论三年的还是一年的，比老板想得还要大胆、还要高。

我觉得这就是一个非常理想的状态。Top10在一起有了化学反应，能看见别人看不见的机会和未来，争先恐后地出谋划策，给公司、给自己加码。

不知道你的公司在讨论目标时，是否也能够像他们一样兴奋起来？希望以上分享能给大家一些很好的启发。

提醒：很多公司提到协同合作问题。要想解决好它们，就要做到：

- 有高质量的三年规划和一年1～3件事，让Top10对公司未来的短期目标、中期目标有清晰的了解和共识，大家要知道协同努力的方向。
- 要有有质量的架构和KPI，用人之长，把合适的人放在合适的地方，公开每个人的关键任务。
- 要有合理的资源分配和奖罚规则（见计划和激励）。
- 持续跟进、复盘和按需调整（见执行力层面）。

模块 8 KPI

最后我们总结一下这一模块：

- 要把 CEO 的三年规划和一年 1～3 件事（这两个大箭头）转化为 Top10 里每个人的一年 1～3 件事（中箭头）。Top10 成员还要确定 Top100 的 1 年 1～3 件事（小箭头）。

- 所有中箭头加起来要大于等于 CEO 的两个大箭头；所有小箭头加起来要大于等于中箭头。

- KPI 的制定起着承上启下的作用：对上瞄准的是 CEO 的 KPI（大箭头），对下决定了后面计划、激励以及执行层面的工作。

- KPI 是风向标，每个人或多或少都是 KPI 动物。所以制定 KPI 要认真、谨慎，要体现七个字"战略意图"和"含金量"。

- 制定 KPI 需要多多沟通，需要 Top10 对公司使命、十年的长期目标、三年的中期目标、一年的短期目标的认可和理解。这样他们才知道如何发挥他们的特长去为公司目标添砖加瓦。

- 制定 KPI 要符合目标设定的 SMART 原则，即"明确、具体，有数字、可衡量，跳起来够得着、可实现，相关的、有价值，有时效（机不可失，失不再来）"。

- KPI 一定要公开透明，Top10 成员之间应该相互监督、支持和补台。

- 制定 KPI 的责任分配比例：CEO 占 40%，Top10 占 40%，HR 占 20%。
- 无论用 BSC 还是任何其他工具，要简单、好用、有效，适合自己。

下一个模块，我们将学习"计划"。很多公司都将其称为"预算"，这也是一个容易被忽略的环节。我们将讨论要抓住哪三种资源，以及这个模块和执行层面的关系。

动手做

1. 请再次确认你公司的三年目标和一年 1～3 件事这两个大箭头是否明确，并且确保 Top10 对此有很好的共识。

   _____

   _____

   _____

   _____

   _____

2. 确认中箭头，即 CEO 和 Top10 成员分别一对一地讨论他们的 KPI，即今年他最最重要的 1～3 件事（中箭头）。要求：

   （1）瞄准三年规划和一年 1～3 件事。
   （2）体现战略意图，确保其有含金量。
   （3）符合目标设定的 SMART 要求。
   （4）所有中箭头加起来要大于等于大箭头。

   _____

   _____

   _____

   _____

   _____

3. KPI 一定要公开透明，便于 Top10 成员之间相互监督、支持和补台。

4. 每个季度跟进复盘，按需调整。

模块 9

计 划

上一个模块中,我们学习和讨论了 KPI,即 Top10 每个人要负责的一年 1~3 件事,也称为中箭头。

做完 Top10 的分工和任务分配之后,下一个步骤是什么呢?是做计划。

What:什么是计划

计划,就是在明确了 Top10 的 KPI 之后,要求他们把自己的 KPI 转化为执行计划,特别是从人、钱、时间三种资源的维度,来描述如何完成你所负责的 1～3 件事。

重点是用三种资源来描述计划:

人,表示你做这些事,需要多少人力。
钱,表示你做这些事,需要投入多少资金。
时间,表示你做这些事,需要多长时间,是快还是慢。

大家都装修过房子吗?在你装修房子之前,一定得有一套装修方案。方案包括效果图,施工计划,需要多少工人,什么时候木工进场,什么时候电工进场,什么时候进家具,还有什么时候需要花钱,花多少,等等。

有了这个施工计划,你作为业主也就知道大概什么时候可以搬进去住,以及每周到工地能看到什么进度,每周要和工头讨论和决策什么。

装修房子在动工之前,一定得有这么一个施工计划。这是常识。

本模块就是讲,每一位 Top10 在领到自己的中箭头之后,如何制订能够完成中箭头的行动计划。

Why:为什么要做计划

计划同样是我们"13+1"管理体系里重要的一环,因为:

(1)承上:我们前面一路走来,已经把公司的使命和十年长期目标(愿景)传递给了 CEO,给他定了三年中期目标和一年短期目标。接着把 CEO 的两个 KPI 传递给 Top10,给他们分工,分任务。这里是要

模块 9 计 划

Top10 根据任务（KPI），制订相应的行动计划。

（2）启下：有了这个行动计划，我们再确定奖罚。接着到了执行力层面，开始每周跟进工作的进展，做季度/半年/年度复盘（考核）。后面这些工作，都需要以这个施工计划为依据。

（3）检查思路、集思广益。说过不等于做过，没有计划环节，那管理就太随意了。

做计划的过程，也是检验执行思路的过程。在做计划的过程中尽早发现问题、解决问题。靠谱的计划，是靠谱的执行力的前提。

Top10 在制订计划时，需要回到部门和自己的 Top100 沟通、头脑风暴、集思广益。他自己的中箭头也是要通过 Top100 里每个人的小箭头来共同完成的。和团队一起制订计划的过程，也是和 Top100 同步目标、同步资源，以及确定小箭头的过程。

（4）后续跟进的依据。**好的计划是执行的开始，是过程管理的前提。**

在组织保障层面，我们是在排兵布阵，在制订计划、做准备工作。到了下一个层面就是按计划执行的实施阶段。

这个计划，是后面执行的依据。这不代表你家装修过程中会百分之百地按施工方案去做，可能会在这里增加个插座，那里修改一下位置。但如果完全没有计划或计划根本不靠谱，那后面实施起来就会非常可怕。

有了这个计划，后面就可以更好地进行激励、沟通（过程管理）、考核（结果管理）、人才盘点（晋升和淘汰）。

How：如何制订计划

（1）谁负责：Top10 为主，负责制订执行计划；CEO 检查和反馈；HR 和财务积极参与（见表 9-1）。

表 9-1　计划

	CEO 和 Top10 的权重和主要任务	
计划 （模块 9）	CEO：占 30% ● 逐个听 Top10 的计划汇报，并反馈意见 ● 协调资源确保重点	Top10：占 70% ● 和团队成员（Top100）沟通和制订计划，并向 CEO 和 Top10 其他成员汇报 ● 帮助团队成员（Top100）制订他们每个人的一年 1～3 件事（小箭头），确保小箭头之和大于等于自己的中箭头 ● HR 和财务两个业务伙伴应积极参与

（2）再次确认 Top10 的中箭头，即每人负责的 1～3 件事。确保所有中箭头之和大于等于 CEO 负责的两个大箭头。

（3）各 Top10 领了中箭头任务之后，和自己部门团队讨论，并且：

- 制订中箭头的执行计划。
- 计划要用三个维度描述：多少人、多少钱、多少时间。
- 确定 Top100 的 1～3 件事（小箭头），确保小箭头之和大于等于中箭头。

（4）HR 和财务要积极参与。

- 他们是 CEO 的左膀右臂，他们越了解业务，才越能帮到业务。他们必须是业务 HR、业务财务，是真正的伙伴。
- 参与计划制订的过程中，HR 和财务应贡献自己的专业意见，确保计划是靠谱、高效的计划。同时，计划也是未来每个月、每个

模块 9 计 划

季度，HR 和财务参与业务跟进的依据。
- 在后面的激励、沟通、考核等模块，HR 和财务仍然需要和业务部门紧密合作，提升业绩。

（5）Top10 向 CEO 和 Top10 其他成员汇报计划，听取他们的反馈，并最后完善和确定下来。

（6）CEO 逐个听取 Top10 的计划，给出反馈意见，协调资源确保重点项目/任务优先。目标就是完成三年规划和一年 1～3 件事。

再次强调：有计划，不代表不可以改变；但没有计划，就是灾难。这个计划将决定和影响后面的激励、沟通、考核三个模块。

常见问题

（1）不做计划，不过计划。只有 KPI，没有把 KPI 转化为计划；或者做了计划后，没有安排汇报、反馈、检查等步骤。

其实，管理公司和装修房子一样，装修房子怎么做，这里就怎么做。

（2）KPI 和计划（预算）脱节。KPI 是 CEO 抓，预算是财务抓；有 KPI 没预算，或有预算没 KPI。

还有一些公司的财务是中间人，财务先和各部门过预算（财务俨然是一个资源控制方，高高在上），然后由财务代各部门向 CEO 汇报情况。

（3）制订计划（预算）时，Top10 没有和 Top100 沟通讨论。制订计划的过程，是 Top10 和自己的 Top100 一起沟通部门目标、方向、所需资源，以及确定 Top100 的 KPI 的好机会。如果没有抓住这个可以事半功倍的机会，那就实在可惜了。

（4）HR 和财务要么参与不够，要么参与过度。其实，HR 和财务在这个环节可以充分发挥他们的专业优势，在 Top10 制订计划的过程中提供帮助。

● 案例和推荐 ●

（1）计划（预算）的要求。

- 靶子：我们所做的一切都是为了实现公司的三年规划和一年 1～3 件事。这是我们架构、KPI、计划以及后面的激励等模块要瞄准的靶子。
- 创造而非控制：很多公司做计划（预算）的目的是"控制"，是不失控。而这个模块的目的是创造，是通过管理好人、钱、时间三种资源，去实现三年规划和一年 1～3 件事。
- 靠谱的执行计划：上一个模块中，我们把 CEO 负责的两个大箭头分解到 Top10，有了 20～30 个中箭头（每个人 1～3 个）。这个模块就是每个 Top10 成员根据其所在部门的实际情况（团队的能力，对行业环境、客户、竞争对手的预期等），拿出他们认为靠谱的执行计划来。
- 效率：追求效率是这个模块另一个重要的要求，即我们永远要比过去做得好，永远要比竞争对手做得好。用同样的资源做更多的事，或用更少的资源能做同样的事。例如，业务增长速度要大于人工增长速度。
- 学会当家：Top10 做计划时，要清楚什么是可变成本，什么是固定成本。固定成本越少越好，可变成本按着业务的发展需要，有节奏地投入。如：什么时候人员到位、什么时候扩大办公室

模块 9 计 划

等。这也是为什么 HR 和财务必须每月和业务部门密切跟进。

- **汇总、排序和取舍**：Top10 的计划汇总后，我们可以看到要完成这 20～30 个中箭头需要多少人、钱、时间，然后我们还需要再排序、取舍，决定哪些项目优先保障，哪些项目可以延后，即要做更符合大局的调整。

- **拥抱变化**：变化是永恒的。CEO 和 Top10 要随时能洞察变化，拥抱变化，根据不同的情况，及时调整战略、架构、KPI 以及计划。

- **应急方案**：有计划，也要有预案。最好的情形、一般的情形，以及最坏的情形发生时分别要怎样应对。模拟各种情形，以备不时之需。无论小公司还是大公司都要有预案，这样才能可攻可守。

- **讨价还价现象**：这是比较常见的。Top10 为了能给自己和团队带来更多的奖励、更稳妥的保障，和上级、公司争资源争利益。当然不排除是上级给了更大的压力和更高的要求的原因。我们会在下一条对这种现象进行分析。

- **跳高和跳远**：这是我在基金公司的卫老板给的一种描述。他说之所以会有讨价还价现象，是因为激励设计是基于跳高的逻辑，目标越低，成功率越高。所以当上级希望定更高的目标时，下级就会拼命说不行不行做不到，因为他知道目标越低成功率越高。跳远逻辑就不一样啦。你跳两米，给你两米的资源和激励；你跳四米、五米，就是四米、五米对应的资源和激励。大家明白了吗？你们的考核和激励是跳高还是跳远？

- **预算达成率**：这还是跳高的逻辑，要改成跳远的逻辑。

- **基本目标和梦想目标**：有时候碰到企业老板跟我说，如果没有预算达成率，很多公司的目标就没法实现了。我的建议是定两个目标：基本目标和梦想目标。基本目标，是公司把业务交给你，你必须要完成的指标。做不到你就下台，就换人，因为你贻误了公司的战机。再定一个梦想目标，是需要大家跳起来才能够着的目标，而且可以让团队自己提相应的资源要求和激励要求，鼓励大家去挑战更高的目标。

- CEO 和 Top10 都是明白人，制订计划的过程中，大家都能看出来谁在为公司的三年中期目标和一年短期目标想方法找出路，谁在为自己求稳妥找退路。我们下一个模块"激励"，以及后面的"沟通""考核""人才盘点"都将不断地把这些员工区分出来，区别对待。

（2）某公司制作上架 App 的案例。在一次董事会上，某公司的 CEO 说要上一个 App 项目，这样方便他们更好地管理客户，也方便客户更好地使用服务。他说需要 180 天上线。卫老板马上说："180 天太长了！这是移动 App，为什么不可以 100 天？"而另一家投资人说："100 天也太长，给你 30 天，然后每个月更新版本。你需要多少人吧？"

举这个例子是想说，讨论任何目标，都要用多少人、多少钱和多少时间来描述。按照重要紧急性，保障重要的目标。

（3）杰克·韦尔奇谈预算。在《赢》这本书里，他提到：

（在做预算时）很多公司很低效，浪费时间、精力，不再好玩和有大梦想。隐藏机会，妨碍增长，鼓励平庸。

老方法：a）谈判，最小化自己的风险，最大化自己的红包，只提自己绝对有把握完成的目标。b）虚假微笑，有创意和想法，却因为公司的官僚主义作风，得不到资源。

模块 9 计 划

正确方法：在做计划的过程中寻找所有可能实现业务增长的机会，将活力、乐趣等要素注入计划当中。

奖金：和预算无关，而是和上一年业绩、和竞争相联系，应该把战略机会和困难考虑进来。

要把现实拉进来，和竞争比，和现实比。⊖

他还特别说到两个案例：一个业绩比前一年低了10%，而另一个增长25%。你应该奖励谁，惩罚谁？

如果你的同行业务都跌了30%～40%，你才跌了10%，那应该奖励。但如果你的同行都涨了40%～50%，你才涨了25%，那应该挨板子。

（4）强生——以备不时之需。1886年成立的强生公司（Johnson & Johnson），是一家有130多年历史的医疗健康公司。他们最值得我们学习的，也是他们的传家宝，即"我们的信条"（Our Credo）。

强生1943年制定的"我们的信条"，将公司的理念和承诺以书面形式明确阐述，作为公司的指导原则。这一页纸的内容共四段，分别是对顾客、对员工、对社会和对股东的承诺。

其中最后一段的倒数第二句话是"必须设立储备金，以备不时之需"。

这一句和我们这个模块"计划（预算）"相关。大家品味一下，是不是这么回事。要做最好的打算，也要有最坏的打算，有备无患。

这一模块其实是在对执行思路进行验证，也是后面激励和执行力模块的重要依据。

⊖ 韦尔奇这句话的意思是在制订计划、做预算的时候，要和当年发生的实际情况进行比较。

最后我们总结一下这一模块：

- 计划就是Top10把自己负责的中箭头做成执行计划，从人、钱、时间三个维度描述。
- 计划是KPI模块的下一步，是激励、沟通、考核模块的依据。
- 制订计划的过程，也是Top10和Top100沟通讨论以及确定小箭头的过程。
- HR和财务应积极参与制订计划，为后面执行过程跟进做准备。
- 本模块常见问题有，不做计划，不过计划；KPI和计划（预算）脱节；制订计划（预算）时，Top10没有和部门沟通讨论；HR和财务要么不参与，要么参与过度。
- 计划要瞄准的靶子是：三年规划、一年1～3件事。
- 效率是一个重要要求；永远要比过去做得好，永远要比竞争对手做得好。
- 有计划，也要能拥抱变化，有预案。
- 要跳远，不要跳高；要取消预算达成率。

下一个模块，我们将学习"激励"，又一个非常重要的模块。这和员工利益息息相关，是对员工最直接、最实在的认可。我们将学习四种资源，以及如何对它们进行分配。

动手做

1. 请 CEO 和 Top10 再次确认每一位 Top10 的中箭头,确保中箭头之和大于等于 CEO 的两个大箭头。

2. 各 Top10 领了中箭头任务之后,和自己部门团队讨论,并且完成:

(1)制订中箭头的执行计划,计划要用三个维度描述:多少人、多少钱、多少时间。

(2)确定团队成员(Top100)的一年 1~3 件事(小箭头),确保小箭头之和大于等于中箭头。

(3)HR 和财务积极参与讨论。

(4)向 CEO 和 Top10 中其他成员汇报自己的计划,听取大家意见后再完善。

3. CEO、HR 和财务汇总各计划，检查和确保人、钱、时间三种资源向三年规划和一年 1～3 件事倾斜，如哪些项目优先、什么需要延迟、哪里需要加或减，等等。CEO、HR 和财务还需要每月按计划跟进，按需调整。

模块 10

激 励

组织保障的四个模块，我们已经学习了三个：

- 架构，瞄准三年规划和一年 1～3 件事，基于对 Top10 成员的认识，对他们进行分工。
- KPI，瞄准三年规划和一年 1～3 件事，给 Top10 分配 1～3 件关键任务（中箭头）。
- 计划，Top10 把自己负责的中箭头做成执行计划，从人、钱、时间三个维度描述。

接着，我们来看看组织保障的最后一个模块"激励"，谈谈如何做好奖与罚。

在开始之前，我们先做一个练习：

（1）请大家在表 10-1 中按重要程度，依次写上对你来说最重要的 10 个员工的名字。

如何判断谁最重要？如果公司里只能留一个人，你认为应该留下来的那个人就是第 1 重要的；如果可以留两个人，谁是第 2 个？以此类推。

（2）在每个人的名字后面分别填上这个人的年收入。

表 10-1

序号	最重要的员工	年收入
1		
2		
3		
4		
5		
6		
7		
8		
9		
10		

（3）看一看他们的重要程度排序和他们的年收入的排序是否一一对应，即重要性排第 1 的人，年收入是否也排第 1；重要性排第 2 的，年收入是否也排第 2。以此类推。

结果呢？

按道理来说，应该是一一对应的。而实际上呢？很多时候，在很多公

模块 10 激励

司这个对应关系都是错位的，不合理的。为什么会这样呢？怎么解决呢？

现在任何人一上网就能搜索到 NBA 球员的年收入。比如 2020 年所有 NBA 球员里，年薪排第 1 的是金州勇士队的斯蒂芬·库里，年薪 4023 万美元。在他们队里，其他人年薪从高到低有很多档：有 3274 万美元的、2727 万美元的、1854 万美元的、462 万美元的、196 万美元的、164 万美元的，再往下最后两档分别是 89 万美元、7 万美元的。

大家可能会很好奇，为什么他们的薪资可以公开透明？他们在一起会不会没有了团队合作（teamwork）精神？

这就是为什么我们要来谈一谈激励的 what、why 和 how。

希望通过这一模块的学习，大家能学会管理各种激励资源，通过每个月、每个季度、每半年和每年的分配再分配，把重要程度和激励能一一对应起来，做得越来越合理。

What：什么是激励

激励，我喜欢称之为"钱包"。我认为看人和看住人，在于四个方面：**心、脑、手、钱包**。

（1）心：这个人的兴趣、爱好。什么让他兴奋，什么让他睡不着觉，什么事他早上一起来就会去做。

（2）脑：这个人思考问题的方式和习惯。这取决于家庭、教育和工作阅历，如：是外企、国企还是民企背景，是来自大城市还是小城市，是当过兵还是留过学，是做过销售还是做过财务，等等。

（3）手：这个人拿结果的能力，特别要看他近两三年拿到的结果、带来的业绩。

（4）钱包：是他现在的工资、奖金、股票、机会等情况。这个人的利益、需求是什么，如何让他的利益和公司结合起来。

激励（钱包），就是通过我们有效地管理各种激励资源，让员工的利益和公司的利益保持一致，去实现我们公司的使命、愿景、价值观、三年规划和一年1～3件事，这是我们组织保障里必不可少的工作。

Why：为什么要进行激励

前文提到过，"13+1"是要建立一个简单好用的体系，激励（钱包）设计和管理是其中非常重要的一环。

（1）承上：我们先是有了公司的目标：十年的、三年的、一年的；然后通过组织保障把工作进行了分工、分任务、分资源。再接着就是要定奖罚（激励规则），让大家知道做好会怎么样，做不好会怎么样。

（2）启下：有了这个激励规则的设计，再往下就是开干——跟进、考核。在考核模块时，将兑现奖罚；在人才盘点模块时，将盘点人才的"钱包"。

（3）激励是风向标：形象地说，激励就是给大家在前面吊个胡萝卜，在后面再举个大棒。就好比我们一起打麻将，打多大的，一定得先说好。打太小，有人不认真玩；打太大，有人不敢玩。好的激励，加上其他几个模块的合力，能给公司带来健康的绩效文化。

（4）"钱包"是对员工最直接、最实在的认可。企业本身就是一个

模块 10 激励

经济实体,要学会用经济的手段去激励员工(这里并不是要否定非经济手段的激励)。

我们要利用好我们掌握的企业里的经济资源(和精神资源)去激励员工做得更优秀,同时我们也要努力做到公平、公正和合理。

How:怎么进行激励

和战略模块一样,我既不是战略专家也不是薪酬专家,你们可以找相关的专家给你们提供更为专业的意见。

"13+1"的定位是把管理的小学教育做好,是教会大家最基础的东西。而且我相信:各位如果能做到本章与本书的建议和要求,你们个个都是奥数小能手。

(1)谁负责:CEO 和 Top10 共同负责,HR 与财务积极参与(见表 10-2)。

表 10-2 激励

	CEO 和 Top10 的权重和主要任务	
激励 (模块 10)	CEO:占 50% ● 规划激励资源,确保瞄准三年规划和一年 1~3 件事 ● 和 Top10 讨论确定未来 1~3 年,甚至更长的激励方案	Top10:占 50% ● 和 CEO 沟通 Top100 的激励思路和需求,制订 Top100 未来 1~3 年的激励方案

(2)统一的体系、统一的目标:我们架构、KPI、计划和激励的设计目的都是瞄着共同的靶子,即三年规划和一年 1~3 件事。

(3)四种资源,合理分配。这部分是我们这一模块中最核心的内容,将给读者提供一个基本的激励框架,让读者知道如何正确地管理和使用我们的四种激励资源。

这四种资源分别是：**工资、奖金、股票和机会。**

我们在开始做的练习里发现，大多数公司对员工的重要性排序和年收入排序是错位的，不能一一对应。

所以我们在激励方面的工作，就是除了要瞄准三年规划和一年1～3件事，还要通过一次又一次合理地分配这四种资源，不断消灭不合理的错位，让员工的价值（重要性）排序和年收入排序越来越趋向一致。

还记得"271"（差异化管理）吗？要点就是八个字：**区分开来，区别对待。**

下面我将用一张表格来解释说明大家应该怎么做（见表10-3）。

表10-3 四种资源分配原则

员工类别	工资	奖金	股票	机会
2	++	++	+	+
7	+	+	0	7+
1	-	0	0	0

a）先区分开来：记得在价值观模块就要求各位每个季度要分"271"，即谁是最优秀的20%，谁是中间的70%，谁是最后的10%。这是我们绩效管理、有效激励的基础，也是我们每个管理者的基本功。

b）再区别对待：将四种资源按表格里的原则进行分配。

工资：

- 2类员工两个"+"号：要给他们加工资，而且要加更多，因为他们代表着我们的竞争力；杰克·韦尔奇说给他们再多都不为过。
- 7类员工一个"+"号：也要给他们加工资。

模块 10 激 励

- 1 类员工一个"-"号：不但不加，还要减。

奖金：

- 2 类员工两个"+"号：要给他们发奖金，要给更多。
- 7 类员工一个"+"号：也要给他们发奖金。
- 1 类员工没有奖金。
- 更简单、更直接的算法是："271"对应的是"460"，即前 20% 的员工拿走 40% 的奖金，中间 70% 的员工拿走 60% 的奖金，后面 10% 没有奖金。

股票：

- 只给每一年最优秀的前 20% 的员工，让最优秀的人跟着公司长期发展。

注：这里是从每年的绩效和激励角度谈，即每一年你的股票激励资源应该给当年最优秀的前 20% 员工。

不同公司做法也会不一样。许多公司也会从人才的吸引和保留角度分配股票，发给重要的管理和专业岗位的员工。但是这样做要平衡好——拿多少鼓励你加入我们，和公司共同发展；拿多少奖励你要努力打怪升级，靠业绩去挣。前者给少不能吸引人才，给多人家可以不干活；而后者更是结果导向，按实际结算。

机会：

- 我们要为前 20% 的员工提供学习、晋升等机会。
- 此外，我们应再把机会扩大 10%，给"7+"的员工。
- "7+"是指"7"里面排名最靠前的员工，具体就是 100 人里的第 21 ～ 30 名；"7-"是指"7"里面排名最靠后的员工，具体就是 100 人里的第 81 ～ 90 名。"7+"和"7-"可是天壤之别。

- 最失望的人应该是"7+"的员工。他们是好员工，但是就是比"2"差那么一点儿。我们要关心、鼓励他们，给他们提供学习、参与新项目的机会。

- 这也是为什么要每个季度进行一次"271"排序，这样员工一年有四次机会去争取和努力提高排名。但是四次之后，年度"271"排名就确定了。

c）用好"1+1+HR"的两级管理。

- 前面讲过，第一个 1 是直接上级，第二个 1 是上级的上级。即两级参与和把关，HR 负责体系，确保每个部门都有区分"271"，并区别对待。

- 做好每个季度的"271"以及年度"271"排序，再按上面的指引分配好四种资源；通过一次次的再分配，把员工的利益和公司的三年、一年目标统一起来。

- 用"1+1+HR"做好两级激励的管理，不要多级或跳级管理（除非特殊情况）。通俗地说，我们把战利品给李云龙，让他和赵刚自己决定怎么个分法，因为他们最了解情况。

- 重点请"1+1+HR"搞清楚两个任务：
  ①蛋糕大小：蛋糕是什么？如何计算？
  ②蛋糕分配：有了蛋糕，如何分配？怎么分配？

到了考核模块，我们还会再提到"1+1+HR"的操作。

模块 10 激 励

（4）一些基本常识和提醒。

a）对外竞争。

- 我们一方面要靠公司文化吸引人，另一方面要靠公司经济实力和待遇吸引人。
- 一般来说一分钱一分货。你给什么样的待遇，长期来看就能请到什么样的人。
- 一般好公司倾向提供中上的待遇。如 75 分位的待遇，即和市场比，75% 的公司待遇比你低，25% 的公司待遇比你高。

b）向效率要激励。

- 激励管理好是效益，管理不好是成本。
- 效率和激励既相互支持也相互牵制。管理得越好，效率越高，你的竞争力越强，生意就越好，就能有更多的资源做激励；但如果管理不好，不把账算清楚，有可能激励只带来成本，效率反而下降，竞争力退步，生意受损。
- CEO 和 Top10 以及 HR 不能忽略效率谈激励。如果你的激励要比别人好，前提是你的效率也比别人要高。
- 简单地说，你的收入 / 毛利的增长要大过你人工成本的增长。
- 要跳远，不要跳高（参见"计划"模块），HR 和财务要按月度、季度跟进，管理好资源。

c）业绩决定蛋糕的大小，业绩 + 价值观决定分配的多少。

- 没有业绩哪里来奖金？
- 有了业绩，还要知道业绩是多还是少，才知道有多少可以用来分配。

- 分配前得先进行"271"排序,先区分开来,才能区别对待。

d)激励是风向标。

- 激励要给明方向:公司想要什么、要奖什么、要罚什么。
- 激励要简单、透明:让员工一下子就能搞明白、行动起来;不要复杂、模糊,让员工困惑,瞻前顾后。
- 激励要刺激:要重奖重罚,要拉开差距。金牌就是金牌,银牌就是银牌,铜牌就是铜牌,让第一名、第二名和第三名的待遇有明显的不同。千万别是第一名拿9900元奖金,第二名拿9800元奖金,第三名拿9700元奖金。

e)激励要灵活,有针对性。

- 基本工资提供基本生活保障,多为固定成本,要控制好;而绩效工资是可变成本,吸引和鼓励员工多创造业绩,要大用多用。
- 没有绝对的公平,只有相对的公平。
- 级别越高,激励周期越长(1～3年);级别越低,激励周期越短(天/周/月/季)。
- 针对不同岗位,如研发、销售、供应链等,要制订不一样的激励方案。

常见问题

- 激励没有和三年规划、一年1～3件事两个靶子相结合。
- 激励设计复杂或模糊,员工不知道公司到底想要什么。
- 激励不鲜明,没有拉开差距,没有重奖重罚。
- 激励没有进行"271"排序,没有区分开来,区别对待。

模块 10 激 励

- 激励还停留在论资排辈阶段，而不是凭贡献、凭打怪能力。
- 让雷锋吃亏，能力越强事情越多，奖励却是大家分。
- 要激励，而忽略了效率。
- CEO 管得太多，不放权给"1+1+HR"，效果还不好。
- 激励不灵活，没有针对性。

● 案例和推荐 ●

（1）体育精神，愿赌服输。

体育行业的激励一直是做得非常不错的。这是因为背后有大量的关于每一位运动员的数据。你能了解到他们每个人进攻过多少次，成绩如何，命中率如何，等等。

每项体育活动又因为它们的观众人数、收视率等，吸引了各种广告赞助商的投入（其实各家公司也应该详细记录和整理这些信息，包括公司业绩情况、每个人的绩效表现等，这样在兑现激励和进行人才盘点时就很方便了）。

再比如职业高尔夫比赛，每一个赛事奖金池大小和赛事积分多少都有所不同，因此吸引着世界各地的不同的职业运动员来参赛。

一般每场比赛要进行四天，从周四开始，到周日结束。

比赛前两天结束后会有一个晋级线，近半数的运动员会被淘汰。他们自费而来，空手而回。而另一半留下来的才有资格争夺奖金。

四天结束后，成绩最好（总杆数最低）的运动员将获得冠军，拿到最大的一份奖金。如果有并列第一，那就得进入加洞赛，直到分出胜负。

在美国第 117 届高尔夫球公开赛中 27 岁的科普卡（Koepka）获得了他个人的首个大满贯冠军，拿走了 1 200 万美元总奖金池里的 216 万美元（18%）。第 2 名获得 129.6 万美元（10.8%），第 3 名获得 80.4 万美元（6.7%）……第 34 名获得 6.37 万美元（0.53%）（见表 10-4）。

表 10-4　第 117 届美国高尔夫球公开赛奖金分配表

公开赛总奖金 1 200 万美元						
	奖金（美元）	占比			奖金（美元）	占比
第 1 名	2 160 000	18.00%		第 34 名	63 715	0.53%
第 2 名	1 296 000	10.80%		第 35 名	61 055	0.51%
第 3 名	804 023	6.70%		第 36 名	58 395	0.49%
……	……	……		……	……	……

看到了吗？奖金的分配比例是有特殊算法的。

主办方的任务就是要努力办更好的、更有影响力的比赛，吸引更多更有钱的赞助商和更大牌的运动员。

而运动员要根据自己的时间规划，安排好自己的训练和参赛时间，为自己和球童争取每一个赛季都能实现收益最大化和排名最优化（排名又意味着品牌商的赞助的多少）。

运动员给球童的激励标准一般是这样的：如果比赛晋级，给球童分奖金的 5%；进入前十名，分奖金的 7%；夺冠，分奖金的 10%。

举体育方面的例子，是希望大家理解：

- 用好数据和透明的业绩决定透明的激励。

模块 10 激 励

- 游戏规则尽可能简单，让运动员们（员工们）努力通过双手改变命运。
- 愿赌服输，重奖重罚，拉开差距。

（2）华为：不要让雷锋吃亏。

华为令我印象深刻的一句话就是"不要让雷锋吃亏"。为此我专门做了些了解。

在网上搜索"华为 不要让雷锋吃亏"，你就会发现大多数信息是指向 2014 年任正非的一次内部讲话（见 2014 年 7 月 15 日《京华时报》）。我把其中要点归纳如下：

a）坚持对干部进行末位淘汰。

在这个（金融危机）的时期，我们首先要坚定不移地贯彻干部的末位淘汰制。现在我们强调代表处代表和地区部总裁要实行末位淘汰，大家要比增长效益。

b）干部晋升需要两个条件：盈利 + 战略贡献。

如果你不能使这个代表处产生盈利，我们就对你末位淘汰；如果你有盈利，但没有做出战略贡献，我们也不会提拔你。

c）以奋斗者为本，不要让雷锋吃亏。任正非强调，华为价值评价标准不要模糊化，要坚持以奋斗者为本，多劳多得。

我们不能让雷锋吃亏，雷锋也是要富裕的，这样人人才想当雷锋。

上面三点说明了华为的管理要点：①对干部进行"271"排序；

②公司要盈利 + 战略贡献；③多劳多得。

（3）杰克·韦尔奇的差异化管理。

要想分配好四种激励资源，差异化管理（"271"）是实现这个目标的前提。这里整理一些杰克·韦尔奇提出的相关要点：

- 差异化管理是最公平、最友善的方法，最终大家都会赢。
- 不仅对人，也要对业务（公司、产品等）有透明的标准，以便管理。
- 球队都是这样，最优秀的运动员被挑选。不是每个人都要成为最优秀的运动员，离开也会有很好的发展。

（4）阿里巴巴的一些观点。

a）今天最好的表现，明天最低的要求。这是关明生的名言。意思是不要满足现状，总是提出更高的要求。

我在嘉御基金工作的时候，也听到过这样一个说法：原地踏步打九折。意思就是：如果你下一年做的业绩和今年一样，那么你单位/部门的激励只有今年的九折，也就是不能原地踏步。

b）Fun：base 和 jump。这里 fun 是指定目标、定激励，要好玩，要刺激！

Base 是指基本目标，如果这个都做不到，那么你应该让位。

此外还要再定一个梦想目标（jump 或 dream），即额外彩头。需要团队成员跳起来才能够得着。当然团队成员可以提要求，做到了，要什么奖励，比如团队欧洲游。公司一掐一算，觉得这个如果能做到，这点奖励不算什么，该给！

最有名的例子，就是有一年，一个顶尖销售和马云赌业绩。如果他两个指标都做到，马云要在全世界的任何一个地方请他吃一

模块 10 激 励

餐饭，地点由他定。他说去瑞士，那就瑞士。如果没做到，那他得跳一次西湖。结果到年底，他一个指标超额完成，而另一个指标差一点儿。所以那年2月，大家兴高采烈、欢欢喜喜地去看他跳西湖。

c）当连长还是当军长，你选择。跳高和跳远的概念，我在前面计划模块已经介绍过。

这里讲"当连长还是当军长，你选择"的意思是指，公司提供平台，你的发展、你的激励都要靠自己努力。就像都是从一个村子里出来的，有的人干了一辈子还只是个连长，而李云龙已经做到军长啦。

这就要求公司在对员工进行激励、晋升时，要看能力、看业绩，不论资排辈。其实公司巴不得每名员工都当军长，那样公司也就壮大了。

这个道理就是要求我们管理者（CEO、Top10 和 HR）要创造鼓励奋斗者的环境、政策。鼓励员工提大胆的目标、提大胆的要求，允许定看似遥不可及的目标。

d）小心大冒进（HR 和财务要按月度、季度跟进复盘）。前面说允许定看似遥不可及的目标，但公司需要一个监督机制。这就是需要 HR 和财务帮助 CEO 和 Top10，进行月度跟进和季度复盘。确保工作按计划在往前推，有序和小心地使用资源（人、钱、时间），不能空有目标，只有投入而没有产出。

做这些就是在树立负责任的文化。从上到下，对业绩、对效益负责！

e）数学不好，可商业门儿清。大家都知道马云考大学三次，数学很差，英文很厉害。但他在做生意方面算大数时非常厉害，他对自己的每门生意要做到什么规模，人员控制在多少，门儿清。

张英（马云夫人）对马云的评价非常贴切：他毕竟是一个商人。所以做好激励，不等于要牺牲效率。两个都要抓！在战略模块，在确定生意模式时，就要思考这个问题。

希望以上和激励有关的案例和推荐，能给你一些启发。

最后我们总结一下这一模块：

- 激励（钱包），就是让员工的利益和公司的利益保持一致。
- 激励设计的靶子有两个：三年规划和一年1～3件事。
- 通过激励一次又一次的分配，让员工的重要性、贡献和年收入越来越对应起来。
- 看人和看住人，在于四个方面：心、脑、手、钱包。
- 激励是风向标，是对员工最直接、最实在的认可。
- CEO和Top10共同负责，HR与财务积极参与。
- 激励要先区分开来（"271"），再区别对待，分配好工资、奖金、股票和机会四种资源。
- 效率和激励都要抓。
- 业绩决定蛋糕的大小，业绩和价值观决定蛋糕的分配。
- 激励要明确、简单，要重奖重罚。

模块 10 激　励

- 激励要灵活，要有针对性。
- 不要让雷锋吃亏，多劳多得。
- 今天最好的表现，明天最低的要求。
- 用"1+1"管理激励，用 HR 和财务来监督跟进。

下一章我们将学习执行力层面，会讨论沟通模块，看看如何抓过程管理。

动手做

这个模块需要大家做的内容比较细:

1. 在激励方面,我们公司过去有哪些做得好的?哪些方面做得不好?

2. 今年的激励方案是否瞄准了我们的三年规划和一年 1～3 件事?

3. 预计今年的蛋糕会有多大？都有哪些激励资源？

4. Top10 的激励方案定了吗？这个方案是瞄准的公司的三年规划和一年 1～3 件事吗？Top10 会得到什么？Top100 呢？

5. 今年的激励方案刺激吗？是重奖重罚吗？能够做到区分开来，区别对待吗？

6. 蛋糕如何分配？谁来分配？是"1+1+HR"吗？

7. 能否平衡好激励和效率?

组织保障层面
小 结

至此，通过前面的学习和讨论，我们手里应该有十件工具了。

除了使命、愿景、价值观、战略、三年规划、一年1～3件事，还增加了：

第7件：架构，按照Top10的各自特长，确定他们每个人的分工。

第8件：KPI，也就是中箭头，给Top10分配了今年最重要的1～3件任务，去支持CEO完成两个大箭头，即三年规划和一年1～3件事。

第9件：计划，每个Top10都应该从人、钱、时间三个维度，做详细的中箭头工作计划。

第10件：激励，我们为Top10/Top100制订了奖励计划，鼓励他们去完成各自负责的中箭头、小箭头。

拎一拎：架构、KPI、计划、激励

- 第三个层面是_____层面，包括_____（模块 7）、_____（模块 8）、_____（模块 9）、_____（模块 10）。

- 架构：战略变，_____变。架构关注的是_____。改变架构，改变____。__人做新事，__人做老事。

- KPI 是把公司的_____和_____（又称__箭头），转化为部门的_____（又称__箭头）。建议把 KPI_____，公开透明。"1+1+HR"，第一个"1"是指_____，第二个"1"是指_____。好的 KPI 要体现七个字：_____、_____。

- 计划是用____、____、____三种资源来描述如何实现 KPI。

- 激励又称____。看人和看住人在于四个方面：_____、_____、_____、_____。钱包是对员工最_____、最____的认可。激励有____、____、____、____四种资源。把员工区分为 A 类（__%）、B 类（__%）、C 类（__%），区别对待。

答案：

- 组织保障 / 架构 /KPI/ 计划 / 激励
- 架构 / 分工合作 / 行为 / 老 / 新
- 三年规划 / 一年 1～3 件事 / 大 /1～3 件事 / 中 / 贴出来 / 直接上级 / 上级的上级 / 战略意图 / 含金量
- 人 / 钱 / 时间
- 钱包 / 心 / 脑 / 手 / 钱包 / 直接 / 实在 / 工资 / 奖金 / 股票 / 机会 /20/70/10

组织健康"13+1"

什么是执行力?执行力和前三层的关系是怎样的?
执行力层面要做什么?

四、执行力层面

模块 11　沟通

模块 12　考核

模块 13　人才盘点

模块 +1　领导力

开始之前,还是先回顾一下我们前面学习的内容。

"13+1"的四个层面,我们已经讲完了三个:

一、精神层面

模块1　使命(我们公司是干什么的以及为什么要干)
模块2　愿景(我们的长期目标,我们十年后要干成什么样)
模块3　价值观(我们做事的规矩,待人接物的成功之道)

二、商业层面

模块4　战略(我们的打法,我们如何看待行业环境、客户和竞争对手,我们要如何去赢)
模块5　三年规划(我们的中期目标,"三块肉")
模块6　一年1～3件事(我们的短期目标,要聚集,有能力的提1件事,没能力的提2件事,最多只能提3件事)

上面的第5条和第6条是CEO的KPI,也称为大箭头,是用来瞄准愿景,即长期目标的。

三、组织保障层面

模块7　架构(对Top10进行分工,我们是一家人,谁做饭、谁洗衣服、谁看花园)
模块8　KPI(分任务,Top10里每个人负责的1～3件事,也叫中箭头,就是把CEO的两个KPI分到Top10每个人的手里)
模块9　计划(每个Top10成员把自己的中箭头转化为行动计划,并和Top100确定他们的小箭头。没有计划也就没有办法做执行层面中的跟进检查)

模块 10　激励（定奖罚，打麻将之前确定打多大的）

做完前面三个层面的工作，我们有了理想（精神层面），有了打法并聚焦（商业层面），而且还排了兵、布了阵（组织保障）。

可是做完前面 10 个模块的工作，才算完成了全部工作的 20%。

那其余的 80% 的工作是什么呢？

就是——**抓执行，拿结果！**

在执行力层面，我们将学习：

模块 11　沟通：过程管理，对过程负责，了解进展，并及时反馈纠偏

模块 12　考核：结果管理，对结果负责，愿赌服输

模块 13　人才盘点：人不对，事怎么对？对公司员工进行梳理（抓牌、理牌）

模块 +1　领导力：我们需要什么样的 Top10？我们推球进洞的能力

这 4 个模块将检验我们前面的工作，看我们的精神层面、商业层面、组织保障层面是不是真的做到位了！

模块 11

沟 通

管理上有一个非常重要的词——PDCA。它是美国学者戴明提出的，是指 plan-do-check-act 循环的四个步骤，让我们持续改善，以达成目标（见图 11-1）。

图 11-1　PDCA 循环

模块 11 沟 通

- 规划，包括制定目标、组织分工、制订相关计划。
- 执行，执行前面的计划，收集必要信息。
- 检查，将收集到的信息和预期规划进行比较，并提出修改方案。
- 行动，执行改善，进行纠偏，为下一次规划做准备。

在"13+1"里，我们前面10个模块都属于规划（P）环节。接着我们将通过沟通和考核这两个模块来完成执行（D）、检查（C）和行动（A）。

开始讲执行力之前，请问大家，你的公司里最能体现你们执行力的会议是哪一个或哪几个？这种会议多久开一次？都有谁参会？

提这个问题，我是想了解：在做了前面三个层面的一系列规划性工作之后，你们是怎么去落地的？又是怎么去检查执行的？每次提这个问题，得到的答案里最多的是月度经营分析会或月例会。这个答案不是我想要的，虽然这些会也重要，但不是最能用来抓执行、抓过程的那个会。

我们来详细看一看执行力的第一步：沟通。

What：什么是沟通

沟通，是执行力的第一步，是过程管理，是通过抓Top10负责的中箭头的进度，实现CEO的两个大箭头。

执行是从过程管理开始，目的就是为了拿结果！

前面我们忙活了那么久，已经把 CEO 的任务（三年规划和一年 1～3 件事这两个大箭头），通过分工、分任务、定计划、定奖罚，转化为 Top10 里每个人的任务（中箭头）。

我们接着就要看 Top10 的行动是否都还在正确的方向上，能否按计划、有质量地去执行和完成这些中箭头。而这个检查跟进就是要通过高效的会议沟通才能完成。具体地说，就是要开好**中箭头会议**，即 Top10 每周在一起开的，通过抓中箭头的进度，实现大箭头的会议。因为我们知道 Top10 负责的所有的中箭头之和大于等于 CEO 负责的两个大箭头。

中箭头会议是这个模块最重要的内容。"沟通"这个模块，也可以称为"中箭头会议"。

沟通虽然很基础，但沟通问题在公司里仍然比较常见。所以这个模块除了谈中箭头会议之外，也会把沟通的基础知识（四要素和非正式沟通等）强调和普及一下。

Why：为什么沟通重要

管理是一个体系，在"13+1"这个体系里，沟通是重要的一环。

（1）承上：往小里说，我们前面通过组织保障层面，把 CEO 负责的两个大箭头分解成了 Top10 负责的中箭头。沟通模块的主要任务就是要检查、跟进这些中箭头的执行情况，看能否按计划有质量地往前推进。没有这个模块认真的过程管理，不去抓中箭头的进度，那么大箭头就是空话。

模块 11 沟 通

往大的方面说，沟通模块不仅仅是在看、在衔接组织保障的架构、KPI、计划、激励，它还通过实践去检验我们是否在坚持我们的使命、愿景和价值观，我们的战略、三年规划和一年1～3件事是否靠谱，我们的架构、KPI、计划和激励是否需要调整。

（2）启下：通过抓中箭头，我们就能看到Top10成员各自的工作表现、工作状态、工作能力。我们通过人去做事，通过做事来判断人。

为了落实中箭头，Top10成员应该在中箭头的会议之前和之后努力开好他自己团队的小箭头会议，通过抓小箭头实现他所负责的中箭头。

认真的、高频率的中箭头和小箭头的会议，以及坦诚的反馈，为我们后面季度、年度的考核，进行"271"排序，以及人才盘点、领导力模块提供了非常扎实的判断依据。

做不好沟通（中箭头会议），也很难做好考核、人才盘点和领导力。

"13+1"是一个管理体系，一环扣一环！

How：沟通怎么做

讲如何做之前，先说几个概念。

（1）沟通的四要素。原来我以为这个大家应该都知道，后来意识到，这么基础的东西，不少人还是不清楚，还是没做到。

完整的沟通要有四个要素：一个发送者，一个接收者，发出来的信息，收到信息后给出的反馈（见图11-2）。好的沟通需要这四样东西，要能形成一次又一次的闭环。

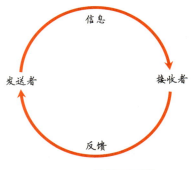

图 11-2 沟通四要素

但在现实生活中、工作中,总是这样那样地掉链子。大家总是不能主动地形成一个个闭环。

比如,我在蒙特利尔的邻居老张和我说,他想在淘宝上订些东西,麻烦我去加拿大时,给他带一下。我说:"没问题。"然后呢?就没有然后了。

直到有一天,我收到两个包裹,拆开一看,不是我们家要订的东西。地址还写成隔壁小区的门牌号,只是我的名字、电话和小区名是对的。过了好久才反应过来,是老张订的。

然后我就说了老张一顿,我说下次你买了东西送来时要和我说一声,我差一点儿给丢垃圾桶。然后呢?又没了然后。过了一段时间又来了包裹,他还是没有提前通知我。唉!

再举一个例子,我申请了蒙特利尔的免费法语课程。网上申请后,项目的主管部门让我快递资料,我也全都照办。哪知道,一个多月过去了,网上申请的进度没有进展,还收到两次邮件催我交资料。我也打了

模块 11 沟通

热线，还是没有找到原因。总之一定是哪里出问题了。我想别再纠结谁对谁错了，总得为达到目的多走一步吧。

我打电话给我太太，和她说不要用快递，希望她赶在圣诞节前最后一个工作日亲自跑一趟，再递一次资料。她就乘公共汽车转地铁，找到了那个在三楼的地址，发现根本没有那个部门。在隔壁好心人的帮助下，我们才知道三四个月前他们已经搬到 800 米以外的地方。原来他们给我发的快递地址还是旧的。唉！

所以要想沟通得顺畅，四要素——发送者、接收者、信息、反馈，一个都不能少。

（2）管理沟通的四个方面（FAST）。

请问：最好的人才在哪里？要么在你公司，要么在竞争对手那里。

那么我们请来了好的人才，怎么才能管理好呢？

要靠：快速反馈！

我在沃尔玛工作去美国出差的时候，看到过一本书《快速反馈》（*FAST Feedback*），作者是布鲁斯·图尔甘（Bruce Tulgan）。书很薄，但 FAST 这四个方面对我管理沟通很有帮助。简单解释一下这四个字母：

a）频率（frequency）：沟通要讲究频率。不同的沟通，要考虑需要隔多久一次最合适。比如新人加入时，是先紧后松，还是先松后紧。我的一个福建做工程的客户，他们人力资源总监花了半年时间，喝茶聊天，终于挖到一个满意的总工。入职第一天见了面之后，这个人力资源总监就出差了，一个月后他回来时，这个新来的总工也辞职了。

b）准确（accurate）：沟通需要用准确的信息，比如找数据、做报表，收集准备好信息，能大大提高沟通效率。

c）具体（specific）：沟通表达要明确具体，目的就是要让对方明白清楚，减少歧义和误会，不要让对方猜测。

d）时效（timely）：什么事情可以等，什么不可以等。什么事情等到周会再说，什么事情不要发邮件，而是打电话，或者走过去马上当面谈。什么事情是今天最重要的，什么事情是陈年旧账不要再提，这些都要搞清楚。

讲完概念，我们再具体看如何做好这个模块。

（1）谁负责：CEO 和 Top10（见表 11-1）。

表 11-1 沟通

	CEO 和 Top10 的权重、主要任务	
沟通 （模块11）	CEO：占 30% ● 每周跟进 Top10 的中箭头进展，及时坦诚地沟通和反馈 ● 不定期组织非正式交流活动	Top10：占 70% ● 每周 Top100 的小箭头会议 ● 每周 Top10 的中箭头会议，目标是支持 CEO 的三年规划和一年 1～3 件事（两个大箭头） ● 坦诚沟通和反馈 ● 组织 Top10 的非正式交流活动

如果前面做得好的话，这里 CEO 的工作只占 30%，Top10 占 70%。换句话说，Top10 是在自动地运转。他们可以轮流做会议主持，只要大家在这个会上，都在认真汇报每个人所负责的 1～3 个中箭头的进展或问题即可。

Top10 还要在中箭头会议之前和之后开好他部门的小箭头会议，通

模块 11 沟通

过抓小箭头实现他的中箭头。

（2）频率。我的建议是 52 次，退一步是 26 次。即最好每周一次，其次是两周一次。

同样，假设大家都在打高尔夫，有人一个季度打一次，有人一个月打一次，有人每周打一次，还有人每周打 3 次。那么，一般来说，一定是打得越多的人，比赛时的赢面就越大。

过程管理也是这样。你做的次数越多，你就越有可能打败你的竞争对手。两次会议之间的时间间隔越短，说明你公司做事的节奏越快，可以提高成功的概率。比如，每季度开一次此类会议，如果这个季度没做到，下次再跟进，半年就没了。每月一次，这次没做到，要等下个月，一晃两个月就没了。只要每周坚持对中箭头跟进，一年就有 52 次机会去进行 PDCA（管理循环），去纠偏、去改善。这样做时，中箭头跟进的频率分别是一年开 12 次月度会和一年 4 次季度会的 4.3 倍和 13 倍。

而在打关键战役时（比如电商的"双十一"），我们甚至需要天天开会，同时变成"996"的工作制度（朝九晚九，每周六天）。

就好像我们在一起建从上海到北京的高铁，我们每周都开工程进度会，每次开会大家都知道谁快了、谁慢了，为什么还没有把材料运到，谁需要增援去拉一把，等等。开会就是应该这样有压力，因为这是在打仗。每一次会议，就像铁路上的枕木，我们应该一年有 52 块，最次也得有 26 块。那些一年只有 4 块和 12 块的公司肯定没有我们有 52 块的做得扎实。

我认识一个浙江的姚老板。他引进新人之后，觉得新人、老人磨合还是不行，于是他就在公司对面租了房子，每天请厨师做午饭。这样一来 Top10 每天都不用再发愁去哪儿吃饭，二来通过一起吃午饭，新人、老人可以在轻松的氛围里更好地磨合，三来这个午饭也让他们在一年内有 200 多天可以在一起聊大箭头、中箭头的进展。聪明吧！

（3）Top10 汇报为主，CEO 和其他 Top10 成员反馈。如果前面都做好了，中箭头会议就比较简单直接：轮到 Top10 成员发言时，他只要说他负责的中箭头是哪 1～3 个，然后逐个汇报每个中箭头的进展就可以了。

我以前有个同事叫大鹏，他负责汇报一个教育 Pad 的项目。这个项目是为中小学提供电子书，取代传统的纸质课本。

开始时，他每次的汇报比较乱，于是我们帮他理了理。那个项目的老板是一个技术发烧友，为了技术不计成本。而当时苹果 iPad 的价格越来越便宜，为了能让这个教育 Pad 卖得出去，我们认为成本控制是第 1 重要的。第 2 重要的是内容如何和各省市的教育体系接轨，否则没有学校会用。第 3 重要的是渠道，即如何把产品卖出去。

从那以后，大鹏的汇报就有条理多了。他每次汇报只用说三个方面：成本、内容和渠道，然后逐个方面讲进展。

模块 11 沟　通

（4）必须要有连续性。我在嘉御基金公司的卫老板说过："**每一个会议都要从上一个会议的结束开始。**"

这就像说评书开场一样："上回书说到……"，而不是每次都在开一个新的会议。

没有了连续性，也就没有责任感和紧迫感。

（5）要坦诚。Top10 成员之间沟通要坦诚，鼓励争吵。最怕不痛不痒，你好我好而其实最后谁都不好。

通则不痛，痛则不通。如果当面不能有什么说什么，总是让人猜测和揣摩；如果当面不讲，背后议论，那么公司很可能变得效率低下，反应迟钝。

阿里巴巴创始人说他和蔡崇信之间因为争吵，不知道摔坏了多少个手机。但是如果蔡崇信让他签什么字，把他卖了，那他也认了。

工作伙伴之间如果没有了坦诚的沟通，很多工作都会大打折扣，也将失去竞争力和人才。

以上是我们沟通里"How"的部分。提醒一句：过程管理，要耐得住寂寞，因为这是一个寻求量变到质变的活儿。

通过对前面的学习，我们需要经常重新检视公司的会议——哪些要开，哪些要砍，哪些要改。要多思考怎么开会才更有价值。

除了体现执行力的中箭头会议之外，还应该看看要开哪些年度会议（如战略会、人才盘点会）、哪些季度会议、哪些月度会议（如经营分析会等），整理出一套适合自己的，且行之有效的会议沟通体系。

常见问题

- 没有中箭头会议，或者数量达不到每年 26～52 次。
- CEO 不参加中箭头会议。
- Top10 成员之间不坦诚，开会不痛不痒。
- 开会内容不聚集，会议又臭又长。
- 会议不连贯，缺少追问和紧迫感。
- Top10 不开部门小箭头会议。

案例和推荐

（1）非正式沟通：班子和圈子。

非正式沟通也是一个我们容易忽略的点。

班子，就是 Top10，CEO 的直接下级。圈子，是指大家下班后，会议室之外、公司之外，大家因为兴趣爱好在一起活动，如跑步、打球、爬山、唱歌、聚餐，等等。

理想的话，每个班子和圈子有一定的重叠见图 11-3a，怕就怕班子是班子，圈子是圈子（见图 11-3b）。

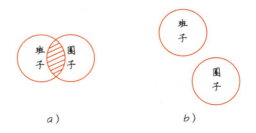

图 11-3 非正式沟通

模块 11 沟 通

为什么要提这个话题？就是希望 CEO 和班子除了办公室、会议室的正式沟通之外，要多进行一些非正式的沟通，简单的如每个月聚聚餐。这些活动能增加大家的黏度，增进相互了解的程度。

（2）推荐大家仔细阅读杰克·韦尔奇《赢》的第二章"坦诚"。这是一个非常重要的话题，做到了可以大大提升 Top10 和团队的沟通效率。

坦诚可以做到，但要花时间（GE 花了 20 年）。要想做到坦诚，你就需要奖励它、表扬它、谈论它，并且以身作则。他说一开始，坦诚令人害怕，但慢慢会看到效果。他说坦诚令我成功。

希望这些内容能对你在过程管理方面有所启发。

最后我们总结一下这一模块：

- 做完前面三个层面的工作相当于只完成了全部工作的 20%，执行力层面要完成其余的 80%。
- 执行力层面的第一步是沟通，是事中管理，PDCA 里的 DCA 是跟进进展，反馈和纠偏。
- 公司最重要的会议是每周的中箭头会议，即通过抓中箭头的进度，去实现两个大箭头。
- 为什么沟通重要：检查跟进中箭头的执行情况，否则大箭头就是空话；在实践中检验使命、愿景、价值观、架构、KPI、计划、激励是否靠谱，是否需要调整；为考核、人才盘点、领导力提供依据。

- 沟通的四要素：发送者、接收者、信息、反馈，缺一不可，要能形成一次次的闭环。
- 管理沟通的四个方面（FAST）：频率、准确、具体、时效。
- 沟通怎么做：CEO 和 Top10 负责，每周每位 Top10 汇报中箭头进展，大家反馈；Top10 开好部门的小箭头会议。
- 会议要有连续性，要坦诚。
- 建立非正式沟通，增强团队凝聚力。

如果按照上面的方法坚持做好中箭头会议，做了 12 次之后，我们就到了季度考核，然后再到半年、一年的考核。考核将是我们下一个话题，是关于结果管理的又一个非常有价值的话题。

动手做

1. 请结合沟通的四个要素和 FAST 的四个方面，说明你公司在沟通方面哪些做得好？哪些做得不够好？大家能做到坦诚吗？

   _____

   _____

   _____

   _____

2. 你公司是通过哪一个或哪几个会议来跟进中箭头进展的？会议效果怎么样？这种会议多久开一次？能否抓住 Top10 每个人负责的 1～3 件事？这些会议对实现公司的三年目标和一年目标的价值是什么？

   _____

   _____

   _____

   _____

3. 每一位 Top10 成员，请看一看你负责的小箭头会议效果怎么样？小箭头会议多久开一次？能否抓住 Top100 每个人负责的 1-3 件事？这些会议对我们完成中箭头的价值是什么？

4. 在你公司的日常工作跟进管理过程中，还能看到前面定的使命、愿景、价值观的影子吗，还是已经没什么联系了？

5. 关于非正式沟通，公司的 Top10 有什么打算？比如要坚持哪些好的活动，或增加什么活动。

6. 关于你公司的沟通管理，请整理一下，哪些会议要一年一次，哪些要半年一次，哪些要每季度一次，哪些要每个月一次，等等。

模块 12

考 核

上一模块我们谈了过程管理（沟通），通过跟进中箭头和小箭头，来实现三年和一年的两个大箭头。

接下来我们来看结果管理，即考核。

这个模块有两个重点：

- 把"13+1"的考核模块说清楚。因为这是我们执行力层面的一个重要组成部分，也是"13+1"体系里重要的一环。

- 把绩效管理这个话题说清楚。因为在这方面，很多公司还需要厘清逻辑和要点。有了前面 11 个模块的基础，就会比较容易讨论绩效管理这个话题。

模块 12 考 核

What：什么是考核

考核就是**对员工的一个阶段的表现进行总结，给予正式的评价，并兑现奖罚。**

这里的"一个阶段"，因为岗位不同，考核的周期也不完全一样，分为月度、季度、半年和年度四种。在"13+1"体系里，建议即使不做季度考核，也要每季度进行一次"271"排序（见价值观模块）。

我们前面提到过，要每周坚持对中箭头、小箭头进行跟进。在有了一定的过程管理的积累，到了一定的阶段之后，我们就需要对结果进行管理，给员工做考核。

考核，就像我们打完麻将需要有个买单的动作一样。即要把账算清楚，看看谁赢了，谁输了，然后谁要给谁转账。

考核是结果管理，我们要对这一阶段的员工的工作结果进行正式的表态：谁做得怎么样，哪里做得好，哪里做得不好。除了对每个员工进行评价之外，还要把员工放在一起进行"271"排序，谁该受到奖励，谁该受到惩罚。做到区分开来，区别对待。

考核也是一次上下级正式对话的机会，用来讨论和帮助下级成长，对他的期望，鼓励他和公司一起发展。

Why：为什么要做考核

"13+1"是一个完整体系，我们需要用考核，以及后面的人才盘点和领导力，来帮助这个体系形成一个良性的闭环。

（1）承上：我们先是把CEO负责的三年目标和一年目标，通过架构、KPI、计划、激励传递到Top10的手里；然后通过沟通去跟进中箭头、小箭头的进展；到了考核，我们要进行阶段总结，对员工一个阶段的表现给予正式评价，并兑现奖罚。

（2）启下：做好过程管理（沟通）和结果管理（考核）是后面做人才盘点和领导力的前提和基础。这些也为下一轮设计组织保障提供了很好的经验和线索。

（3）一手抓人，一手抓事。从开篇我们就说过：要一手抓人，一手抓事。我们是通过人去做事，通过做事来判断人。

考核这个模块就是要基于对前一阶段每个人做事的观察了解，给予每个人正式的评价，说清楚他哪里做得好，哪里不够好，是2是7还是1，以及兑现激励。

考核就是要把人和事结合起来，就像太极里面的阴和阳，我中有你，你中有我，是分不开的。

（4）绩效文化中必不可少的一环。一家公司如果想在江湖上立于不败之地，那就得树立起绩效导向的文化。而这绩效文化的树立，是以定目标、定计划、定激励开始，到每周过程跟进，最后以考核结束。

这就好像我们一起打牌，定了规则，定了打多大的，那么打完的时候，所有人一定得按规则买单。否则，以后大家怎么打就都无所谓了。

模块 12 考 核

如果想保持公司的健康活力，使其成为一个能持续打仗的公司，就得做到对结果负责，做好做坏一定要有明确的奖与罚。要不然，组织设计里的分工、分任务、定计划和定激励，就没有意义了。

阿里巴巴有一句话：我们为过程鼓掌，我们为结果买单。

我们要让员工知道，你工作辛苦了，我们可以拍拍你的肩，给你加加油打打气，但最后做不出成绩，就没有蛋糕可以分配。

这一点如果做不好，公司就变味了。

（5）关心员工成长，和公司发展同步。考核给我们机会，让我们和员工坐下来，以他为中心，坦诚地讨论他的表现、位置和下一步的提升空间，促进他和公司共同发展和共同进步。

How：考核怎么做

（1）谁负责：CEO 和 Top10 负责，HR 与财务积极参与（见表 12-1）。

表 12-1 考核

	CEO 和 Top10 的权重、主要任务	
考核 模块 12	CEO：占 50% ● 每季度进行 Top10 的 "271" 排序 ● 每季度和 Top10 过 Top100 的 "271" 排名 ● 每半年或一年进行 Top10 的绩效考核，包括兑现激励和面谈	Top10：占 50% ● 每季度进行部门 Top100 的 "271" 排序，并和 CEO 一起沟通确认 ● 每季度、每半年或一年进行 Top100 的绩效考核，包括兑现激励和面谈

（2）考核周期。越是一线、基层的岗位，考核周期越短，如每周、每月进行考核；级别越高的岗位，考核周期越长，应该按季度、半年或年度考核。

CEO 对 Top10 的考核，建议每半年或一年进行一次；Top10 对 Top100 的考核，建议每季、每半年或一年进行一次。但无论你们定的考核周期多久一次，都要坚持每个季度白纸黑字地进行"271"排序。这样一年四次，到进行年度"271"排序时就比较容易和准确。

（3）及时坦诚沟通。每周做好过程管理，开好中箭头、小箭头会议，坚持坦诚的文化，及时对员工进行表扬或批评。平时做好了，到季度、半年和年度绩效对话时，就不会有意外。因为平时就这么评价的。不要平时这好、那好，到考核时突然变成这不好、那不好。

所以做好过程管理，才有好的结果管理。

（4）"1+1+HR"。每个人管好自己的一亩三分地，这已经是非常了不起了。也就是CEO要做好对Top10的考核，Top10做好对Top100的考核。同时再加上CEO和HR的参与，让考核更加客观。

（5）具体动作：自评—上级评价—核算激励—绩效面谈—存档。

- 自评：每个周期，员工都要写自评，总结这一周期自己的表现。哪里做得好，哪里需要提高，以及下一步的打算。即Top10要给自己写自评，Top100也要给自己写自评。
- 上级评价：每个周期，上级都要对员工的表现进行评价，总结他的表现，哪里做得好，哪里需要提高，以及对他的期望。即Top1要给Top10写评价，Top10要给Top100写评价。
- 核算激励：上级、HR、财务也要核算好每个周期的激励，蛋糕有多大，落实到每个员工的情况是多少。

　　为了做好上级评价和核算激励，要用好"1+1+HR"。上级和上上级要讨论每个员工的表现，进行"271"排序，坚持区分

模块 12 考 核

开来、区别对待，确定好分配激励的细节。HR 和财务也应该对此提供相应的支持。

具体就是：Top1 要对 Top10 进行 "271" 排序，并核算对应的激励结果；Top10 要对 Top100 进行 "271" 排序、核算对应的激励结果，并且需要和 Top1 讨论和确认。

- 绩效面谈：在完成自评、上级评价、激励核算的工作之后，就可以安排时间，进行正式的绩效面谈了。

  CEO 需要和 Top10 逐个进行绩效面谈。Top10 也需要逐个和自己负责的 Top100 进行绩效面谈。根据 "1+1+HR" 原则，Top10 给 Top100 做绩效面谈时，CEO 和 HR 要一起参与，其中要特别重视 "271" 里面 "2" 和 "1" 的绩效面谈。

  建议面谈的要点和顺序：a）公布激励结果；b）员工自评；c）"1+1" 对员工的评价；d）讨论员工个人发展，并确认下一步行动。

- 存档：这是考核的最后一个动作。一是为了下次绩效考核有依据，二是为人才盘点做准备。

  这就像我们在小学和中学读书时，每个学期结束，学生都要写自我评语，班级同学、任课老师也会给出评价。最重要的当然是班主任的评语。这些包括成绩单在内的资料就组成了我们每个人的档案，是未来发展、升学的重要参考依据。

  CEO 要存好 Top10 的历次考核文件，Top10 和 HR 也要存好 Top100 的历次考核文件。

  这些日积月累的评价考核记录，对个人、对公司都是非常重要的资料（我们对客户、供应商、产品等方面也应进行考核并存好历次考核文件，这些都是一笔宝贵的经验财富）。

常见问题

- CEO 和 Top10 对考核这个闭环工作不够重视（而考核的确直接影响着公司的价值观）。
- 考核的自评、上级评价、进行"271"排序、核算激励和绩效面谈等动作做得不完整。
- 平时没有做到坦诚的过程管理，给阶段考核带来隐患。
- 没有用"1+1+HR"去监督管理，要么跨级管太多，但又不了解具体情况；要么不去管理，连自己的下级的考核都没做好。
- 没有做到区分开来，区别对待，最后还是让雷锋吃亏。即使有"271"，但没有拉开距离，偏平均主义，没有做到重奖重罚。

案例和推荐

（1）杰克·韦尔奇，永远的世纪经理人（manager of the century）！大师虽已驾鹤西去，但给我们留下了很多宝贵的管理财富。

他退休很多年后，曾参加过一个对话节目：《领袖对话——比尔·海波斯和杰克·韦尔奇》。建议读者找来看看。

有了对前面这么多模块的学习和理解，你会更加容易理解他的管理精髓，他在节目中也特别提到了考核。

以下是一些笔记：

- 四个词描述韦尔奇的管理风格：真实、活力、坦诚、差异化管理。其中活力有两层意思：Engergy（自己有活力）和

模块 12 考 核

Energize（激活他人）。

- 访谈中韦尔奇提到的内容有使命、愿景、价值观、激励、沟通/开会、考核、人才盘点和领导力，这些都和"13+1"紧密相关。
- 其中事例：韦尔奇退休后做投资，投了一家互联网大学，用互联网来改变人们受教育的方式（使命）。他去呼叫中心和那里的团队座谈了一天，听她们的想法，让她们知道我们为什么要做互联网大学（使命）和要做成什么样（愿景）。
- 考核/评价：糟糕的考核会说每个人都很好，都满足要求，不去告诉每个人哪里应该改变，如何学习和成长。
- 坦诚是考核的基础。
- 每个管理者都应该清楚他的每一位员工属于"271"里哪个位置。多数员工自己也都知道谁属于哪一类。
- 必须进行"271"排序。但对待"1"也可以温柔客气，应该给他们机会改善或让他们不那么痛苦地离开（softlanding）。
- 太多的管理者把时间浪费在改变"1"的员工上。他们是改不了的，应该早点儿告诉他们，帮助他们离开。
- 处在1的员工也知道他们的境况，只是希望你不提这事。
- "271"是拍快照（snapshot），意思是只是此时此刻的排序，不会一成不变，每过6个月还会再排一次。
- 给Top20的人再好的待遇都不为过。
- （除了定期的绩效考核之外）韦尔奇喜欢不定期给下属写纸条，告诉他们：我喜欢你做的哪些事情，我不喜欢你做的哪些事情，你哪里需要改。有时候下属可能跟韦尔奇看法不一样，所以他们会过三个月再看、再讨论。
- 我喜欢用红笔在上一次的评估表上做标记，哪里做到了，哪里还没有，不用每次都写一张新的。
- 我最讨厌的是负面的、窃窃私语的人，会上不说，会后说。
- 进行"271"排序一定会带有偏见，会有一定的副作用。但因为还没有找到更好的方法，所以不能以此为理由不去做"271"。
- 回顾自己职业生涯，最后悔的是改变得太慢。等，永远不能带来改变，只会变糟。
- 经理们最不重视团队建设，如聚餐、郊游，其实只有定期举办此类活动才能重新激活团队。

注：最后有关接班人的部分，我有另外一个故事，提供不同的角度和不同的观点（见价值观模块"2008年马云带班子访问GE"的案例）。

（2）360度评估。经常有人来问我是否需要做360度评估。我会反问："你们做360度评估的效果好吗？"得到的答案是：不好。我在沃尔玛、华润、阿里巴巴都负责做360评估。我的感受是效果不好，流于形式，不够直截了当。

我的建议是：要做，就做人肉360度。即作为上级，你如果想了解他人对某个员工的评价，你自己四处走一走、问一问，也可以通过打电话、发邮件等方式询问。最后自己再做判断，而不是去依赖一套科学的、抽象的题目或抽象的图表。

同理，我也反对很多来上课的公司Top10成员（特别是HR）总想做一套标准的、科学的"271"评价方法的思路。我更倾向于了解你自己的看法，像在豆瓣、大众点评等App上面的评价一样，我想看到你打的分、你写的评价。

但无论怎么样，只要你们是那个"1+1"，你们说了算！李云龙和赵刚说了算！

模块 12 考 核

（3）重奖重罚，高调宣传。每一年每家公司在年底、春节放假前，都会组织各种联欢、聚餐活动。

建议公司要用好这些机会，以及各种其他机会，把"2"和"1"突出地宣传一下。

对于属于"2"的员工，通过给他们拍照、戴大红花、贴海报、上台领奖等方式，宣传他们的光荣事迹。这样做一是给员工提供公开透明的榜样，让大家知道什么是好，怎么去学习和追赶。二是对这些优秀的前20%的员工也是一种荣誉加监督，他们上了这个光荣的舞台，以后更是要在人前人后去做好表率。三也是对我们管理水平的监督，看我们排出的"2"是否能经得起群众的检验。

对于"1"的员工，我们可以不提具体名字（其实大家都心里清楚），但是什么问题，是业绩方面的，还是价值观方面的，我们也要找到方法，让员工都知道：我们是在处理什么样的问题，如何处理的，好让大家引以为戒。

给大家举一个沃尔玛公开逮捕大会的例子。

1999年年初，我加入沃尔玛不到一个月的一天下午，公司突然通知我们所有人去食堂开会。沃尔玛中国总部那时还在洪湖的一个居民楼里，食堂也很简陋。大家有的站着，有的坐着。门开了，公安押着一个人进来。我不认识，但很多人认识，那是一名采购负责人。他因为贪污受贿，东窗事发，身败名裂。在公开宣布逮捕之后，他的外籍老板还做了发言。他还提到他们之间同事一场，都比较熟悉，同事们连这个采购的太太、小孩都认识。看上去比较痛心，谁也没有想到有这样的结局。但公司的诚信价值观的底线不容突破。

这件事给很多员工都留下深刻的印象，知道诚信的底线不容突破。教育和警醒的目的就在于此。

所以，无论是给大家树立榜样，还是提醒大家引以为戒，都要高调宣传，这样"271"的绩效文化才会深入人心，成为公司每个人血液里的一部分。

（4）绩效管理。有些公司的 Top10 成员曾来和我讨论绩效管理这个话题。我发现：

- 很多人还是没有抓住绩效管理的要点，因此这是一个值得梳理的话题。
- 绩效管理绕不开对管理体系的理解和建设。

对"13+1"的学习，我们已经到了第 12 个模块，已经有了很好的基础，因此现在能很简单地把绩效管理说清楚。

- What：什么是绩效管理。

通过管理，要业绩，拿结果；

通过管理小箭头（Top100），实现中箭头（Top10）；

通过管理中箭头，实现大箭头（CEO 的三年中期目标和一年短期目标）；

通过管理大箭头，实现大大箭头（愿景 10 年长期目标）。

- Why：为什么要绩效管理。

要想实现使命、愿景、战略就需要做绩效管理，要有的放矢，保持公司的健康活力，树立能打仗、能做事的文化，让做好做坏的结果很不一样。

- How：如何做绩效管理。

分三步：

第一步，确定公司的方向。

最好能做到：使命、愿景和价值观清晰明确。

模块 12 考　核

至少要做到：战略、三年规划和一年 1-3 件事清晰明确。

第二步，搞好组织设计。

架构方面，明确 Top10 的分工合作，合理安排新人老人，用人之长。

KPI 方面，明确 Top10 每个人的一年 1～3 件事，要体现战略意图和含金量。

计划方面，Top10 对完成自己的一年 1～3 件事要有靠谱的思路，特别要从需要多少人、多少钱和多少时间三个维度进行思考。

激励方面，CEO 要明确对 Top10 如何奖与罚，公司的激励资源要向公司的三年中期目标和一年短期目标倾斜；Top10 要明确 Top100 的一年 1～3 件事。

第三步，执行。

过程管理方面，重视中箭头周例会，坦诚沟通反馈；同样抓好小箭头周例会。

结果管理方面，每个季度或半年，通过自评、上级评价、面谈的绩效管理流程，利用好"1+1+HR"，每个季度必须进行"271"排序和兑现奖罚，并记录存档。

每个管理者管好自己的"孩子"，即 CEO 管理好 Top10，Top10 管理好 Top100。

常见问题

- 缺乏一个体系串起来。
- 三年规划／一年 1～3 件事没有想清楚。
- Top1 对 Top10 的绩效管理缺失。
- KPI 远远超过 3 项，权重 5%～15%。

- Top1 与 Top10 的目标没有贴出来。
- 缺通过抓中箭头实现大箭头的例会。
- 缺坦诚沟通反馈。
- 没有进行季度的"271"排序。
- 没有绩效面谈和存档。
- 没有通过奖与罚强化绩效文化,让做好做坏的结果很不一样。

上面有关绩效管理的内容,大家应该清楚啦。留两个小问题,请大家思考:

- 从 CEO 到 Top10 再到 Top100,他们之间的绩效关系是怎样的?
- 如何做 Top100 的绩效管理?

最后我们总结一下这一模块:

- 沟通(跟进)是过程管理,考核是结果管理。
- 考核是对员工一个阶段的表现给予正式评价,并兑现奖罚。
- 考核是"13+1"体系里重要的一环,帮助这个体系形成一个良性的闭环。
- 考核做好,能给公司带来绩效文化,不让雷锋吃亏。
- 考核是一次上下级正式对话与讨论和帮助员工成长的机会。

模块 12 考 核

- 用"1+1+HR"来管理考核,每个人管理好自己的一亩三分地。
- 平时做好坦诚的过程管理,阶段考核就更容易做。
- 动作包括:自评、上级评价、核算激励、绩效面谈和存档。
- 考核要重奖重罚,高调宣传。

下一章,我们将讨论人才盘点,又一个每年都要做,每年都应该做好的工作,强化一只手抓事一只手抓人,人和事不可分割的观念。

动手做

1. 我们公司在考核方面,哪里做得比较好?哪里还需要提高?

   _____
   _____
   _____
   _____
   _____

2. 为使考核顺利,公司每周中箭头、小箭头的跟进会议正常吗?大家能做到坦诚吗?

   _____
   _____
   _____
   _____
   _____

3. 我们公司针对不同员工的考核周期分别定为多久比较合适？包括 CEO 对 Top10 的，Top10 对 Top100 的。

4. 按照"1+1+HR"，公司谁和谁负责谁的考核？

5. 公司考核过程中都应该有哪些动作？

6. 每个季度是否坚持进行"271"排序？公司的激励兑现是否体现重奖重罚，以及是如何宣传的？

模块 13

人才盘点

在执行力层面,我们已经完成了两个动作:

过程管理:每周通过抓中箭头进度,去实现两个大箭头。

结果管理:每季度/每半年/每年进行"271"排序,兑现奖罚,做绩效面谈。

接着,我们来把人才盘点一下。之前多以事为中心,这次专门以人为中心。

What:什么是人才盘点

人才盘点是什么?我给大家打一个比方,我们每隔一段时间（一般是在换季的时候）都需要整理一下自己的衣柜，每年两次。

我们衣柜里边有的衣服需要打理了；有的需要淘汰了；还有的是买了之后不怎么穿的，这些衣服要么穿起来，要么赶紧送人。要物尽其用！

另外一个例子就是书柜。我建议你每年也要至少清理一次书柜。哪些书需要看，哪些书可以送人或者捐了，帮它们找到能够发光发热的地方。

盘点这个词，一般用在企业运营管理，盘点库存，包括有什么、缺什么、东西的品质、保质期，等等。

我最早接触盘点是在麦当劳。我们每个副经理要轮流做库存经理（inventory manager）。每次轮到你时，都要连续负责两个月。在这两个月里，即使你休息不当班，也要晚上九十点钟回来盘点。当时的盘点，按品类的重要性，分日盘点（只盘点最重要的）、周盘点（盘点所有的）、月盘点（盘点所有的）。这些盘点的结果，直接影响着订货经理的工作。而他的订货工作的好坏直接影响着每天做的生意。

此外，盘点工作还影响着每天、每周、每月的成本核算，包括损耗、毛利，最后反映在每个月的损益表上。所以盘点是一个非常重要的、需要仔细对待的工作。

在企业管理上，我们把盘点的思路用在人身上，应该以人为中心，每年做一次专题会议。在这个会上，CEO 和 Top10 应该花时间"过手里的牌"，包括部门里有什么人，哪些是"2"，哪些是"1"；缺什么人，以及决定相应的行动方案。这就是人才盘点。

模块 13 人才盘点

我们还可以用打麻将来描述人才盘点。

打麻将时，我们会根据牌面，理出一个打牌的策略思路，再不断地通过抓牌、理牌、换牌，一步步地调出一手好牌，最后去打赢每一局。人才盘点就是你抓牌、理牌这个动作，目的就是要理出一手好牌（人才），帮助你去实现三年和一年的目标。

Why：为什么要做人才盘点

（1）人和事不可分割。有一家公司叫盖洛普，是一家有着80多年历史的调查公司。它最大的财富就是调研专家和日积月累的数据。从多年积累的数据里，他们发现了一个规律，称为"盖洛普路径"，它可以很好地说明人和事的关系。

盖洛普公司还出过好几本书。对于书中的内容，我比较欣赏的就是盖洛普路径和Q12。我简单说明一下其要点，如图13-1所示。

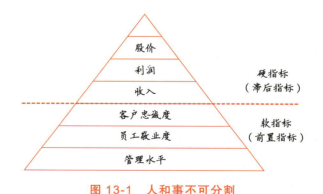

图 13-1 人和事不可分割

从下至上依次为：

a）我们管理水平的好坏，将决定员工的敬业度。注意是敬业度，不是满意度。公司每天有免费午餐，还有冰激凌，这与满意度相关。而敬业度更关心的是这个员工对工作的匹配、投入程度。

盖洛普的 Q12，即用 12 个问题来测员工敬业度。

b）员工的敬业度决定了客户的忠诚度。忠诚度比满意度要求更高，因为客户和你的公司、你的品牌有了感情。

盖洛普的 CE11，即用 11 个问题来测试客户的忠诚度。

c）客户的忠诚度提高，将带来收入的增长；收入的增长带来利润的增长；利润的增长最终会使股价上涨。

d）"管理水平""员工敬业度"和"客户的忠诚度"又被称为软指标；而"收入""利润"和"股价"被称为硬指标。

e）硬指标是我们想要的结果，但硬指标有滞后性。你拿到手的时候，这些数据已经是发生过的数据了，是昨天的、是上周的，不能决定未来会怎么样。

f）软指标有前置性，其英文是 leading indicator，意思是能影响后面的指标，对未来的情况有一定的引导作用。通俗的表达是，我们管理水平提高了，3 个月后就会反映在员工的敬业度上；而敬业度提高了，3 个月后就会反映在顾客的忠诚度上。依此类推依次反映到收入、利润，最后到股价上。

模块 13 人才盘点

以上内容就是要提醒我们人和事的不可分割。

（2）定期梳理的必要性。我们一开始就讲了战略 > 组织 > 人的顺序。人才盘点仍然支持这个逻辑，只不过是个反推的过程：从梳理每个人开始，然后不断调整人事以适应组织的变化需求，目的是去实现公司的战略。

许多公司做到一定规模后，库存管理会出现越来越多问题，往往点不清，查不明，留下很多老账、烂账。除非每月、每季度、每年坚持一次次地理清楚。我们的家也是：一般家有多大，杂物就有多多。越来越多的角落里放着你也记不起来的东西。除非你们家有定期整理的习惯。

在公司管理上，随着业务的扩大和人员的增加，可能会逐渐失去小公司的灵活，染上了大公司病。除非你一直坚持绩效管理，坚持进行每季度的"271"排序，坚持区分开来和区别对待，再加上坚持一年一次的人才盘点。

前面已经讲了两个为什么：a）人和事的正相关性；b）定期梳理的必要性。接着讲一讲更具体的目的。

很多公司做人才盘点，有点赶时髦，为了做而做，也做不好。其中一个原因就是做的目的不明确。

做人才盘点最重要的目的包括以下几个：

- 让优秀的人冒出来。
- 把不合适的人找出来。

- 形成自己公司的人才观。

（3）让优秀的人冒出来。请问：谁代表着我们公司的竞争力？当然是那前20%啦。（"7"代表着我们的平均水平，"1"代表着我们的落后水平。）猎头挖人一般都是挖"2"和"7+"，没人要挖你的"7-"和"1"。

作为CEO和Top10，这方面你们有一个清楚的账吗？你公司总人数×20%得到的数，代表着你最有竞争力的员工人数。他们在哪里？都有谁？他们的工作状态怎么样？过去一年离职的人里面，他们走了多少？

只有通过人才盘点，逼着Top10梳理清楚他们手里的牌，CEO才能看到优秀的人才在哪里。后面还会讲，除了找到前20%的管理人才之外，还要找出各个专业的Top20的明星人才。

（4）把不合适的人找出来。我们要把"1"找出来、亮出来。无论是业绩问题，还是价值观问题，都要进入到讨论环节。没有人愿意做"1"，但越早摊牌越好，别耽误。这样他可以趁着年轻，不一定非要玩钢琴，可以去玩别的。每个人都应该找到自己喜欢的事。

提醒一下：找到"2"和"1"之后，必须要有对应的行动计划。人才盘点不是谈一谈、聊一聊，而是谈了之后，要有决策，有行动。当然，其中一个决策选项是保持不变。那也得记录下来。

（5）逐步形成自己公司的人才观。前面强调要坚持每周召开中箭头会议（还有小箭头会议），坚持每季度进行"271"排序，坚持每季度、每半年、每年进行考核，再经过每年一次的人才盘点，Top成员就能逐渐对什么是人才产生共识，形成自己公司的人才观：知道公司需要什么

模块13 人才盘点

样的人，什么人好用，什么人不能用，等等。

注意：阿里巴巴的A类员工不等于万科的A类员工；万科的A类员工不等于华为的A类员工。萝卜咸菜，各有所爱。合适最重要！

How：人才盘点怎么做

（1）先有前面模块做基础。有了这些基础，才能做好人才盘点。基础包括以下几项：

- 在商业层面确定好：三年规划、一年1～3件事，因为这是人才盘点要瞄准的靶子。
- 在组织保障层面，有清晰的架构、明确的中箭头、明确的小箭头、明确的奖与罚。
- 在执行力层面，有每周的中小箭头会议，对人和事的评价与反馈；有考核，包括自评、进行"271"排序、兑现奖罚和绩效面谈。

绩效管理，包括分任务、细化任务、定奖罚、过程反馈、阶段性评估，这些都是人才盘点的依据。

（2）谁负责盘点：Top1（30%）+ Top10（50%）+ HR（20%）。其中，这里面工作量最大的是Top10，因为他们要为一年一次的汇报做好充分的准备，然后再约时间和CEO进行讨论，把自己手里的牌逐个过一遍，并讨论行动方案。

如果是Top1和Top10分权重，那Top1占30%，Top10占70%（见表13-1）。如果把HR也算进来，那么他们三个权重为Top1占30%，Top10占50%，HR占20%。

表 13-1 人才盘点

人才盘点 （模块13）	CEO 和 Top10 的权重、主要任务	
	CEO：占 30% ● 平时关注自己的三手 52 张牌 ● 一年一次，和 Top10 逐个过他们手里的三手牌，并制订行动计划 ● 根据需要调整人员	Top10：占 70% ● 平时关注自己的三手 52 张牌 ● 花足够的时间，准备年度人才盘点 ● 每年一次，向 CEO 正式汇报自己的牌，并制订行动计划 ● 根据需要调整人员

很多公司以 HR 来驱动，这样人才盘点效果会大打折扣。因为关键是要了解 Top10 是如何看他手里的牌的。

（3）盘点谁：三手牌。讲到这个话题，我经常会问："各位，你们每个人在公司里关注多少人？"

通常得到的答案是，10 个左右，基本是自己的下属。有时候，也有人关注到 20～30 人，那也是他所负责的小团队。

但是这是不够的！

我给大家的建议是每个人都管好一副牌（约 52 张）。这里面包括三种人（三手牌）：

a）第一种人（第一手牌）：是你的直接下属，5～10 个人。你如果管不好自己最重要的 5～10 个人，请你先不要管别人。马云说过，如果你的下属和老婆闹离婚了你都不知道，那你就是失职。所以你的直接下属你要了解得很清楚。

b）第二种人（第二手牌）：你下下级里的"2"和"1"。即你下级的下级里最优秀的 20% 和最差的 10%，有 10～20 人。

这就好比你处在一个学校校长的位置。首先你要管好你的班主任们，因为他们是你的第一手牌。接着你要通过班主任了解各个班里，

模块 13 人才盘点

哪些是三好学生（最优秀的20%），哪些是调皮捣蛋的学生（最差的10%），这是你的第二手牌。

英文里有一个词叫"Dean's list"，是指"校长名单"，上榜的都是学业优异的学生。不过我们这个名单里还要列出每个班最差的10%。

因为我们精力有限，对于下下级，你只要抓住两头（"2"和"1"）就好。

c）第三种人（第三手牌）：专业明星，10～20人。我们习惯上更关注的是管理岗位，而容易忽略公司里除了管理岗位之外，还有许多非常重要的专业岗位。这些专业岗位中的顶尖人才，如，我们最重要的销售、最重要的设计师、最重要的技术专家等也是我们应该关注的。

阿里巴巴有一位技术大拿，外号冯大师。他当年是甲骨文（Oracle）在全世界范围内屈指可数的、通过认证的10个数据库专家之一。阿里巴巴有两套职级体系，一个是管理序列（M），一个是专业序列（P）。我是M6，他是P11，P11和M6同级，我们都是副总裁待遇。

我们做每一门生意，需要这样那样的专业明星。我们需要盘好管好他们，不要忽视了他们。

上面这三种人（三手牌），加起来差不多正好是一副扑克牌（52张）：下级（5～10人）+ 下下级的"2"和"1"（10～20人）+ 专业明星（10～20人）。

从CEO到Top10成员，每一位管理者都应该有这么一副牌，知道谁是你的"A"，谁是你的"K"，谁是你的"Q"，谁是你的"J"。

对每个人的管理要求和建议是：关注范围逐渐扩大，从你的第一手牌抓好、管好开始，然后开始关注第二手牌、第三手牌。最后，管理三手牌，应该是每个人的管理常态。

就这么简单的三手牌（见表 13-2），如果能做下来，那是非常了不起的。想一想：Top10 里的 10 个人，每人都打理着 52 张牌，也就是 520 张啊！

表 13-2　三手牌

	第一手	第二手	第三手
CEO	Top10 的 "271"	Top100 的 "2" 和 "1"	明星、专家
Top 10	Top100 的 "271"	Top1000 的 "2" 和 "1"	明星、专家

前面讲了：

（1）人才盘点的前提和基础：持续的绩效管理。

（2）谁来盘点：Top1（30%）+ Top10（50%）+ HR（20%）。

（3）盘点谁：三手牌 / 三种人 /52 张。

接着详细谈一谈怎么盘点。

（4）盘点什么。

a）定调：像班主任写评语一样。首先，今天多数公司把人才盘点搞复杂了，变成是一个非常"专业"的，非常"HR"的，拒人于千里之外的东西。我心目中的人才盘点应该是更加亲切、更加直白的东西。人才盘点其实应该像我们在读小学、读中学时，班主任、任课老师、（有时候）同学给我们每个人写评语一样亲切、直白。

我们需要的就是：大家花时间准备，把在脑子里对人的看法，变成白纸黑字写下来，然后坐下来一起讨论，确定对其未来的打算。就这么一个简单的过程。

这个调子定下来，作为人才盘点主力的 Top10（而非 HR）才更容易把这个事情做好。CEO 的工作是和每个 Top10 逐个过他手里的每张

模块 13 人才盘点

牌,并讨论和决定每个人的行动方向。HR 的工作是提供支持、辅助,而不是驱动和主导(不过 CEO 自己也要把 Top10 盘点一下)。

再说一遍:给每个学生写评语,是班主任的事,不是学校 HR 的事。这是大多数公司人才盘点做不好的原因。

b)基本信息:简历、绩效、八卦。为了提高人才盘点的讨论效率,为每个人要准备一个档案。这个档案里的基本信息包括以下几类:

- 简历:员工的个人基本资料,加入公司之前做过什么,在哪里读的书,读的什么专业,等等。
- 绩效评估:员工以往的绩效评估记录,特别是最近两三年的。
- 八卦:和员工有关的、好玩的、有趣的事。

c)心、脑、手、钱包。我在激励模块提过。这是我的一个发明,即人才管理的四个方面:

- 心:是指这个人的兴趣、爱好、激情所在,什么让他兴奋,什么让他睡不着觉,什么事他早上一起来就会去做。
- 脑:这个人思考问题的方式和习惯。这取决于家庭、教育和工作阅历,如:是外企、国企还是民企背景,是来自大城市还是小城市,是当过兵还是留过学,是做过销售还是做过财务,等等。
- 手:这个人拿结果的能力,特别要看他近两三年拿到的结果、带来的业绩。
- 钱包:是他现在的工资、奖金、股票、机会等情况。这个人的利益、需求是什么,如何让他的利益和公司结合起来。

用这四个方面描述这个人,能让我们对他有一个更立体、更全面的认识。进而能更好地帮助我们去管理和使用好人才。

d）三年动一动，三个圈。"三年动一动"也是我的发明。一个人在一个岗位上如果连续三年没有动过，很可能会激情不再，建议你考虑给他动一动。为什么？

举一个例子，一个连锁品牌的重庆店业绩很不错，在公司里能排第1，但是那个店的总经理已经在这个岗位上连续做了9年了，这个人已经完全没有激情了。他早就应该，比如说在第4年、第5年时，被解放出来去做更大的事情，比如说去负责一个省，一个大区。除此之外，更糟糕的是他的两个副总也都跟他做了8年了。

所以在人才盘点中如果发现有人在他的岗位上3年没动过了，建议你打一个问号，看看他的状态，考虑要不要给他动一动。

下面的"三个圈"（见图13-2）和"三年动一动"讲的是一回事。

我们画一个同心圆，有三个圈，从里到外分别是：舒适圈、挑战圈和恐慌圈。

请问大家，一个人在哪个位置的状态是最佳的？

图 13-2　三个圈

模块 13 人才盘点

多数人的回答是挑战圈。我的答案是：最好的状态是一只脚在恐慌圈，另一只脚在挑战圈。

这就像之前提到的好未来张邦鑫先生的例子，他说，"免费试听，随时退费"让我们战战兢兢，也使我们更强大。张瑞敏也说过："永远要战战兢兢，如履薄冰。"

一个人的一只脚踩在恐慌圈，另一只脚踩在挑战圈的状态是最好的。因为这是一个人最紧张、最有危机感的时候，也是最能激发他的斗志和创造力的时候。

最糟糕的是完全待在舒适圈里面，等着温水煮青蛙。当然完全处在恐慌圈里面也不行。

所以在进行人才盘点的时候，我们要搞清楚，团队里有谁在舒适圈，有谁在挑战圈，有谁在恐慌圈，以及我们应该怎么办。

e）准备—讨论—行动。通过上面的介绍，我们知道 Top10 中的每个人都要盘点他手里的三手 52 张牌，其中每个人的档案里要包括：基本信息；心、脑、手、钱包这四个方面；他的状态（舒适圈、挑战圈、恐慌圈）。

至此，准备工作还差一步——评语：

- 每个人的直接上级对他的评价、评语、打算（如果是 Top10 的下下级）。
- Top10 对这个人的评价、评语、打算。
- 评语里应包括他的优点、缺点、长板、短板，以及他的排名（"271"）。

这里我也要再次提醒大家：我们要用人之长而不是去改其短。因为一个人在 30 岁以后就很难有很大改变了，除非遇到重大挫折或变故。每个人能开开心心做自己擅长的事，各尽所能，已经很了不起啦！

以上的准备工作，一般需要 1～2 个月。接着是讨论和行动部分。

讨论：Top10 和 CEO 预约时间，开会讨论每个人（每一张牌）。时间至少半天，有时候人多需要一天。如果讨论每个人需要 10～15 分钟，那每小时才能讨论 4～6 个人。对应的 HR 负责人也要一起参与。

讨论顺序：

- Top10 的直接下级（第一手牌）。
- Top10 的下下级里的"2"（第二手牌）。
- Top10 的下下级里的"1"（第二手牌）。
- 专业明星（第三手牌）。

行动：讨论每个人过后，一定得落实到具体行动。比如未来 1～3 个月要做什么，或者再观察一个月再定，但都要白纸黑字地记录下来并跟进。

人才盘点不是一堆文件，而是借着文件带来的讨论和行动！没有讨论、没有行动，人才盘点就没有意义！

f）其他概念。我认为把以上介绍的内容都做到，就已经非常了不起啦。

下述概念在人才盘点里总是会出现。我前面没有提，是因为我觉得前面的内容更重要、更基础，而这些概念往往会把更基本的工作带偏。

以下是我对这些概念的看法，供参考。

潜力：我没有刻意提。我认为应该在对每个人的打算的部分里体现，还有在进行"271"排序时体现。

九宫格：我认为排清楚"271"就够了，何况大多数公司连进行"271"排序都没做到、没做好。同上，在讨论对每个人的打算时，定

模块 13 人才盘点

下具体行动方向更重要。

360 度评估：我在考核模块说过。我的建议是做人肉 360 度评估，即为了更好地评价某个人，你们（"1+1"）应该去问问这个人周围的人对他的看法，然后再判断，总之最后还是需要管理者自己做判断、写评语、定方向。

个人发展计划：这一点，我同意马云的说法，个人发展计划是个人的事。就像每个小孩一样，如果是他自己想要的，那他自己会操心、会努力，就怕是家长要的，而他不想要。公司只是提供公平的环境和机会，但我们可以了解他的想法和打算。公司要抓的是组织发展计划，即为了战略，组织要怎样设计？还缺什么人；谁来做；要不要试一试这个人，以及我们怎么带大家去开开眼，等等。

接班人：这个我也没有刻意提。我觉得还是 CEO 和 Top10 每个人先学会管理好自己的 52 张牌，这之后再谈接班人自然就好办多了。这个等人才盘点做好了，自然就水到渠成。

至此，人才盘点该怎么做，要点已经讲完了。希望大家通过每年一次的人才盘点，把最重要的人抓住！

在做投资的时候，我们会关注一个公司的团队是否会随着公司估值变化而相应地变化。如果哪家公司估值在上升的同时，团队也在提升和进步，那就令人比较放心。如果哪家公司两三年下来，团队没发生任何变化，只是公司的估值在提升，这个公司很可能就没有后劲了。因为业绩的成长是靠团队的成长，这二者之间是有直接关系的。

那么怎么能让团队不断成长呢？答案就在于做好绩效管理（模块 5～模块 12）和人才盘点（模块 13）。

常见问题

（1）人才盘点是 HR 驱动，而非 CEO 和 Top10 驱动。这种情况非常常见，做着做着就做不下去了。正确的责任比例是：CEO（30%）+ Top10（50%）+ HR（20%），其中 Top10 是主力。

（2）人才盘点方式过于专业，不够实用。这种情况非常常见。我们要的是"1+1"的脑子里对员工的看法，是带兵打仗的李云龙怎么看他手里的牌。所以要像中小学班主任写评语那么简单才行得通，才好用。

（3）没有绩效管理的基础。没有基本的绩效管理做基础，没有在一起打过至少两个季度的仗（最好是 2 年），没有制定过 KPI，没有定期开例会给反馈，没有做过绩效考核，没有进行过"271"排序，没有做过绩效面谈，做人才盘点就只能变成巧妇难为无米之炊。

（4）没有一个体系串起来。道理同上。人才盘点的靶子是三年规划和一年 1～3 件事，即是为了实现三年目标和一年目标，甚至十年目标做人才盘点，而不是为了人才盘点做人才盘点。

● 案例和推荐 ●

（1）杰克·韦尔奇和人才管理。在前面我问过："你们每个人在公司里关注多少人？"

你知道杰克·韦尔奇关注多少人，他手里面有多少张牌吗？5000 张！假如他今天来上海，他就会看看这 5000 人里面谁在上海，然后会约他喝咖啡，聊一聊。聊的时候他会做笔记。他会以这种方式不断地在世界各地见这 5000 个人，不断地做笔记。所以他才是公司的首席人力资源官。

模块 13 人才盘点

他还有两个动作值得我们学习。

第一,每个月他都要赶到 GE 的克劳顿维尔领导力培训中心,抽出一个下午的时间来听听来自世界各地的高级干部们都在忙什么,想什么。跟马云一样用鼻子嗅一嗅味道,这样就能知道前线都在发生什么事。另外,他也会分享他的想法,给大家讲使命和愿景。这是他 20 年里每个月坚持在做的事情,很了不起。

第二,就是坚持做人才盘点。GE 有一项要求,就是在全世界这么多子公司里边,任何一个 CEO 离职,必须在 24 小时之内宣布其继任人选。能做到这一点是因为他手里有足够多的牌。但是如果你手下的"2"离职,则会扣掉你一半的奖金。

(2)阿里巴巴的人才盘点。人才盘点是我在阿里巴巴做的最重要的一件工作。

阿里巴巴是从 2008 年开始进行人才盘点的。马云当年对这项工作的结果很满意,因为他觉得自己手里有牌了。没做这个事情之前他也不清楚自己手里有什么牌。

当时,阿里巴巴每年有三件年度大事:每年 9~10 月做战略,每年 11~12 月做预算,每年 2~5 月做人才盘点。其中,战略偏事,人才盘点偏人。一个安排在下半年,一个安排在上半年。每年做战略的时候,马云都在公司,要参加 20 多个战略会议或汇报会。而对于预算工作,他是甩手掌柜,因为有蔡老板负责。

人才盘点由我负责,每年 2 月启动。当时阿里巴巴集团有 7 个 CEO,我逐个上门,为每个 CEO 和 HR 负责人介绍人才盘点的流程,告知他们需要做什么、怎么做。他们清楚了之后就会安排下去。然后各总监向副总裁汇报,副总裁向 CEO 汇报。也就是说,下面首先要做小型的人才盘点,把结果汇报给副总裁,副总裁再把结果汇报给 CEO。然后在 5 月里的某一周，每个公司分别到集团汇报，小的公司月半天时间，大的公司用一天时间。汇报人以 CEO 为主，HR 负责人为辅。听汇报的人有马云、蔡崇信、曾鸣和彭蕾。

拿一个大公司举例：上午，汇报开始，先讲 30 分钟战略回顾和组织概要，然后用将近一上午时间盘点 CEO 的直接下级。这种对每个直接下级的盘点和讨论是非常仔细的。过程中会用两个投影仪，一个放架构图，一个放每个人的档案。

下午则先盘点 CEO 的下下级的 "2"，再盘点 "1"，然后是专业明星。依然是非常仔细，逐个过。最后用 15～30 分钟总结，并会说一下组织的学习打算。

（3）人才从哪里来？阿里巴巴为什么有这么多牌？除了 18 个创始人之外，还有李琪、蔡崇信、关明生、曾鸣、卫哲、张勇、井贤栋，等等。

这么多年，你们公司抓到了哪些好牌？丢了哪些好牌？

经常有人问我："人才哪里来？"希望以下几点能对你有所帮助：

a)"加入公司，离开经理。"你公司管理的好坏决定了你对人才的吸引力大小。人才因为一个公司的品牌和口碑选择加入，而最后很可能是因为他的直接上级选择离开。所以 CEO 的管理水平决定了他会有什么样的 Top10，Top10 的水平决定了你们会有什么样的 Top100。

b)人才不是测出来的，是打仗打出来的。要多给员工机会去尝试，去打仗。多打打仗，就能发现你们的李云龙。

c)三种人才来源和组成：1/3 靠内部晋升、1/3 靠培养大学生、1/3 靠外部招聘。他们各有特点：

- 内部晋升的好处是这种人才对公司文化、工作流程相对熟悉，很容易上手。内部提升也让老员工看到机会。但内部提升的人才往往后劲不足，属于短跑运动员。后期要看他是否开放，

模块 13 人才盘点

以及是否愿意学习提高。

- 培养大学生，这方面外企和国企确实做得好，也都尝到了甜头。我在麦当劳接受的见习管理培训，让我终身受益。记得我在华润工作时，华润有各种业务（水泥、电力、啤酒、地产、零售，等等）。这些业务的CEO和副总们基本都是18年前招来的大学生。培养大学生就像种树，待到他们能在公司独当一面，少则需要两三年，多则四五年。但他们是长跑运动员，越到后面越有感觉。还有，他们一般都善于学习。
- 外部聘请的专业人员。他们的好处是有成熟的经验，能给我们的公司快速补短。他们的聘用成本也要比前面两种高很多。这样的人才还需要文化融合过程。所以招聘前对文化的契合度、对做事风格的相互了解，以及入职后的保持沟通反馈都很重要。

检查一下你的公司是不是这三种人才都有，是否都能管理好。

最后我们总结一下这一模块：

- 什么是人才盘点：一年一次以人为中心做的专题会议，CEO和每个Top10过他手里的三手牌，以及决定相应的行动方案。通过对手里的牌的梳理，调整出一手好牌，然后打赢每一局。
- 为什么要做人才盘点：
  - 人和事的不可分割：我们的管理水平决定了员工的敬业度，员工的敬业度决定顾客的忠诚度，顾客的忠诚度决定我们的收入，收入决定利润，利润决定股价。
- 定期复盘的必要性：保持公司的灵活性，不要变得越来越臃肿。
- 让优秀的人冒出来：知道代表竞争力的员工在哪里，并且呵护好他们。
- 把不合适的人找出来：尽早让他们知道，互相都别耽误。
- 形成自己的人才观：知道什么是合适自己的人才。

● 如何做人才盘点：
- 打好前面模块的管理基础，特别是绩效管理。
- 谁负责：CEO 占 30%，Top10 占 50%，HR 占 20%。
- 盘点谁：CEO 和 Top10 每个人的三手 52 张牌，即直接下级、下下级的"2"和"1"以及专业明星。
- 盘点什么：给每个人准备好档案，包括基本信息、八卦、心、脑、手、钱包、三个圈状态，以及上级评语。
- CEO 和 Top10 讨论每张牌，并确定未来 1～3 个月的行动。
- 跟进行动。

下一个模块是最后一个模块："+1 领导力"。我们将讨论为什么领导力是执行层面的最后一个模块；为什么是"+1"；什么是领导力，以及怎么把领导力这么一个比较虚的概念做扎实。

动手做

1. 如果你公司做过人才盘点，请问你们的收获是什么？你们发现了什么问题？

　　--

　　--

　　--

2. 人才盘点的基础：绩效管理

　　（1）你公司的三年规划和一年1～3件事是否清晰？

　　　　--

　　　　--

　　（2）你公司的架构、KPI、计划、激励是否清晰？

　　　　--

　　　　--

　　（3）你公司是否坚持开中箭头会议和小箭头会议？是否坚持做绩效考核？

　　　　--

　　　　--

3. 你公司人才盘点是谁负责？如何分工？各自的权重是多少？

4. 你公司人才盘点的目的是什么？

5. 你公司人才盘点都盘点谁？要盘点多少人？你是否三手牌都有？

6. 你公司人才盘点都盘点些什么？是否有 CEO 和 Top10 的讨论环节？是否确定了每个人的下一步行动方案并跟进？

模块 +1

领导力

执行力层面我们已经讲了三招：

沟通（中箭头会议），抓过程。通过每周抓中箭头进度来实现两个大箭头（三年规划和一年 1～3 件事）。这里要求 CEO 和 Top10 一起开好中箭头会议，还要求 Top10 开好小箭头会议。

考核，抓结果。要求 CEO 每季度要进行 Top10 的"271"排序，做半年度或年度考核；Top10 每季度要进行 Top100 的"271"排序，做季度、半年度或年度考核。

人才盘点。每个 Top10 花时间整理自己的三手 52 张牌，并且每年要向 CEO 做一次专题汇报，一起讨论和制定相关人员的行动方案。

模块+1 领导力

可以看到，以上执行力层面的每一招都离不开 CEO 和 Top10 的参与和推动。

前三招还不够，我们还有第四招——"+1 领导力"，我们将在这一模块集中讨论 CEO 和 Top10 的价值和影响力。

在开篇部分我也介绍了：这个体系从 2012 年的 10 个模块开始，慢慢发展到了 13 个模块。本来我认为领导力还是比较空洞，就没有放进来。后来，在越来越多的投资项目实践中，我发现董事会讨论出来的、很好的想法和计划，最后都没有得到落实。而问题往往出现在 CEO 和 Top10 身上。

领导力这个模块应运而生。并且，不是把它放在第一个，即"1+13"，而是放在执行力层面，放在最后，成为"13+1"。因为领导力就是执行力，更是推球入洞的那一下，是临门那一脚，是决定成败的最关键的那一下！

What：什么是领导力

（1）领导力：通过他人实现组织目标的能力。领导力，也可以称为影响力。我们需要通过一次次的互动，通过对他人的积极正面的影响，来完成组织的目标和任务。

影响力的水平高低各有不同。关明生在阿里巴巴说管理者有三种层次：

第一种，最次的一种，是自己干。这种管理者其实还是一个独行侠。

第二种，是通过他人拿结果。这种管理者比第一种要好一些，已经能算是一个经理。

第三种，别人抢着为你干。这种管理者已经称得上是一个领袖。

这第三种就是领导力的最高水平，说明你魅力不可挡。

（2）领导力：是一种人际关系。既然是通过他人，以及影响他人来实现组织目标，那么领导力就是一种人际关系。这个人际关系的双方分别是领导者和追随者。

我在中欧曾经听过一个欧洲的教授讲课。课上，他举过一个例子。他说他太太买衣服、买包的钱是他给的。他儿子读书和买游戏机的钱是他给的。假如有一天，他在家里扛一面大旗，说："Follow me（跟我走）！"他太太和儿子却并不会理他。

我不认为这位教授在家里的领导力（影响力）这么差，不过这个笑话还是说到了重点：**领导力（影响力）是一种人际关系**。一个巴掌是拍不响的。我们既要关注事（你担负的组织任务），还要关注人（你要领导的群众）。

假如公司派你去开拓非洲业务或去泰国办厂，你和你的团队说了这件事，想看看是否有人愿意和你一起去。如果团队的反应是："Good luck（祝你好运）！"那也就说明了你的领导力（影响力）比较有限。

这再一次提醒我们要眼中有人，我们的两只手，要一手抓事，一手抓人。作为CEO和Top10的你，更应该努力同时提高自己两只手的能力，管理好领导者和追随者的关系，通过人去做事，通过做事去判断人。

模块+1 领导力

（3）"13+1"领导力模块的关注范围。我们在价值观模块讨论了为实现公司的使命和愿景，我们对全体员工定的规矩和要求。

这个领导力模块关注的是对CEO和Top10的要求。即为实现公司的目标，针对Top10定的规矩和要求。

领导力是一种影响力，每个人都可以去学习和提高，并不一定只是一种对管理职务的要求。

只是在"13+1"里，我们只关注前三排和主席台的领导力，关注CEO和Top10推球进洞的能力。

Why：为什么领导力重要

（1）我们是前三排和主席台。俗话说："问题出在前三排，根源全在主席台。"这个大家都明白：决定公司前途和命运的人就是前三排和主席台。

每次上课，面对各公司的CEO和Top10，我都会说："决定你公司命运的人都在这里了。过了365天，你公司是做得更好了，还是更差了，都是因为在座的各位，没有别人。"

公司做得好，一定是CEO和Top10做了一系列正确的决定，采取了一系列正确的行动（不过这种情况下，我们通常会把功劳给予团队，感谢他们的付出）。公司做得不好，一定是CEO和Top10下了一盘臭棋，在人和事上犯了糟糕的错误。

在公司的变革和前进道路上，CEO和Top10要么是推手，要么是瓶颈。

（2）我们要抓住每一个瞬间去推球进洞。管理上有一个概念叫真实的瞬间（Moment of Truth），简称 MOT，最早由北欧航空的 CEO 詹·卡尔森（Jan Carlzon）提出。意思是指顾客接触我们的产品和服务的那一瞬间。这一瞬间最重要，它决定了顾客的体验和感受。他就是用 MOT 这个概念把北欧航空公司变成一个顾客至上的公司，并且最终让公司扭亏为盈的。

举个例子，阿里巴巴提的"让天下没有难做的生意"。这句话谁来评价？是不是由那些卖家，以及和阿里巴巴有来往的公司来评价？

理想很美好，现实很残酷。除了面对客户时，在公司内部也有很多这样残酷的瞬间，可能在这样或那样的环节里出现状况、问题。

比如，我们的使命、愿景、价值观很漂亮，我们的战略、三年规划、一年 1~3 件事很精彩，但真正反映这些的，不是在纸上、脑子里，而是在很多个内外部互动的一瞬间。

这个时候，就特别需要 CEO 和 Top10 出手。看见做得好的，拍拍肩膀，点个赞。看见哪里螺丝松了，就上去拧一拧。发现味道不对了，走偏了，要及时叫停。作为 CEO 和 Top10，我们要抓精神层面、商业层面和组织保障层面。但这些还只是规划和设计阶段，只完成了全部工作的 20%。

另外 80% 的工作都在执行力层面。所以我们要：抓过程管理、抓结果管理、抓人员管理。

我们自身是执行力最后那一环：推球进洞的那一下。我们要抓住各种真实的瞬间，及时拨乱反正，让每件事都朝我们希望的方向发展。

目的就一个：拿结果！去实现三年规划和一年 1~3 件事！

模块+1 领导力

（3）领导力是胶水。注意到了吗？前面讨论每个模块的重要性时，一般都会起着一个承上启下的功能。**而领导力模块则是胶水，管理着前面 13 个模块，起着连接和缝缝补补的作用。**

具体的就是要：a）确保每个模块的质量；b）确保模块之间的联系性；c）发现问题，去修理、调整，确保整个系统的正常运转；d）通过13 个模块的建设和管理，统一 CEO 和 Top10 的语言，统一方向，产生合力并且拿结果！

眼神科技的 CEO 周军总结得好："'13+1'，为什么是'+1'，因为有了这'+1'，麻将就胡了！"

How：如何做好领导力

回顾过去，在领导力方面，我印象最深的有以下几点：

（1）领导力是天生的，还是后天培养的？答案是各50%。既有先天的部分，也有后天培养的部分。其中更重要的是后天的锻炼和培养。

有人长得帅，善于表达，天生就有魅力。这当然好。但光有这表面的形象和谈吐是靠不住的，因为时间长了，人们关注的还是其为人是否真诚、是否真实，是否能带领我们去到更好的地方。因为人家是否追随你，说到底还是信不信你。（有关信任这一点，后文会有更多介绍。）

（2）一分钟经理人。前面已经提过《一分钟经理人》这本书讲了成为高效管理者的三招：一分钟目标、一分钟表扬和一分钟批评。其中一句让我印象深刻的话是：

"People who feel good about themselves produce good results."
"自我感觉良好的人,事情才能做得好!"

如果你没有看过,那你一定要看看。因为我认为它是管理上小写的abc,基础之基础。而"13+1"则是管理上大写的ABC。

(3)领导力 = 尊重 × 信任。这是我在麦当劳接受基础管理培训(BMC)时,学到的领导力公式。简单好用!我来说明一下:

我们每个人的领导力(影响力)取决于两个方面:你从别人那里得到的尊重分,和你从别人那里得到的信任分。其中,尊重分取决于你的知识和经验,而信任分取决于你对他人的需求和感受的关心程度。你最后的得分是这两个分数相乘,不是相加。

有的管理者,很有知识和经验,但对人不在乎,所以尊重分很高,但信任分很低。这样的人我遇到过。他的得分可能是:10 分 × 1 分 = 10 分。有的管理者很关注人的需求和感受,信任分很高,但自己的专业和经验不行,尊重分很低。这样的人,我也遇到过。他的得分可能是:1 分 × 10 分 = 10 分。

要想成为一个优秀的管理者需要一手抓尊重分,不断提高自己的专业和经验值(做事);一手抓信任分,不断关心关注团队的需求和感受(做人)。前面两人的得分还不如一位两方面各得 5 分的人:5 分 × 5 分 = 25 分。

要提高尊重分,我们就得做好我们在自己岗位该做的事,无论是CEO 抓战略,还是采购总监抓原料的质量和价格。

要提高信任分,我们就得不断提高对人的关注。无论你关不关注以及关注多少,你手下的每个人的需求和感受总是在那里。

模块 +1 领导力

（4）"13+1"领导力的四个特性。我们前面讲了：要靠后天努力锻炼和培养，学习和实践一分钟经理人，用"尊重 × 信任"两个维度来检查和提升自己的领导力。那还有别的吗？我在沃尔玛负责领导力培养时，使用的是吉姆·库泽斯（Jim Kouzes）和巴里·波斯纳（Barry Posner）的《领导力挑战》，那是当时最好的领导力培养体系。这本书从 1987 年的第 1 版到现在已经出到第 6 版了。他们提出的领导力的五个方面内容如下：

以身作则　　共启愿景　　挑战现状
使众人行　　激励人心

书不错，有很多案例。不过还是觉得有点"高大上"。我想要给"13+1"找到更简单、更直接的领导力方法。

经过两年的思考、寻找和修改，我仍然不满意。直到有一天我发现我要找的，原来远在天边近在眼前。

绕了一大圈，秘诀还在"13+1"里。只要做好"13+1"里的前面 13 个模块，领导力水平已经足够牛啦！

"13+1"式领导：感性 + 理性 + 人性 + 要性（见表 14-1）。

表 14-1 "13+1"式领导

感性	干大事（使命），十年磨一剑（愿景），是公司行为规范（价值观）的践行者和榜样
理性	对行业环境、客户、竞争对手有清楚的认识，知道自己的长短，打仗有章法和逻辑（三块肉），并能专注聚焦（1～3 件事 / 大箭头）
人性	排兵布阵，知人善用（架构），分目标（中箭头），盯计划（分资源），定奖罚（胡萝卜 + 大棒）
要性	盯过程，要结果，兑现奖罚，不断摸牌理牌

所以不用再学其他新东西，扎扎实实做好前面 13 个模块就够了！

13+1 体系
打造持续健康的组织

愿各位都能成为"13+1"式领导,既感性,又理性,识人性,有要性!

(5)谁负责? CEO 负责 70%,Top10 负责 30%。具体见表 14-2。

表 14-2 领导力

	CEO 和 Top10 的权重、主要任务	
领导力 (模块 +1)	CEO:占 70% • 和 Top10 讨论,并确定对班子(CEO 和 Top10)的游戏规则 • 平时按此标准要求自己和 Top10 • 每年复盘一次内容 • 绩效评估时以此评价 • 每年考虑 Top10 成员的组成和状态,思考如何调整和达到更好的状态	Top10:占 30% • 和 CEO 一起讨论班子游戏规则 • 平时按此标准要求自己

(6)具体做。参考表 14-2,CEO 和 Top10 一起讨论班子的游戏规则,比如必须坦诚。

规则不用太多,三五条即可,关键是大家是否都说清楚了,并且做到了。如果班子认为做好公司价值观也就够了,那也可以。

每年大家在一起复盘一下,检查这个班子之前定的游戏规则是否合适,是否需要加减或修改。

常见问题 ●●●●●●●●●●●

- 没想清楚我们是干什么的、为什么干,没有长期、中期、短期目标。
- 不重视价值观的管理,CEO 和 Top10 没为价值观做表率。
- 对班子和团队,没有大胆用人、调人、调架构,任务不聚焦,不认真做计划,不重奖重罚。
- 不认为执行力问题是我(CEO+Top10)的问题,而是 Top100、

模块+1 领导力

Top1000 的问题。

- 不花时间去做过程管理；没做好考核；CEO 不对 Top10 进行"271"排序，Top10 不对 Top100 进行"271"排序。
- 沟通上要么一言堂，只有老板的声音；要么团队各种声音，听不到老板声音。
- 脱离群众（员工 / 客户 / 供应商），没有意识到我（CEO+Top10）只是一个巴掌，要想拍响，还需要另一个巴掌（群众）。
- 要么忽略了自己的尊重分（事），要么忽略了自己的信任分（人）。
- CEO 和 Top10 没有在一起制定 Top10 的游戏规则，或者规则模糊，大家要看脸色、看心情；或者看谁会哭、谁嗓门大。

● 案例和推荐 ●

（1）CEO 可以通过学习（如参加私董会），了解自己的长处和短处，发挥自己的特长，然后通过搭班子、调班子，不断把班子调到最好的状态。

（2）杰克·韦尔奇的领导风格，有四个特征。分别是真实、活力、坦诚和差异化管理。其中活力包括自己有活力（energy）和激活他人（energize）。差异化管理，即"271"，区分开来，区别对待（参考：杰克·韦尔奇《赢》）。

请问：你们班子的领导力风格是什么？

（3）阿里巴巴从创业开始，有 18 位创始人，然后有了蔡崇信、关明生、曾鸣、李琪、卫哲、陆兆禧、张勇、井贤栋等，其中一位八年后做了阿里巴巴集团 CEO。

想一想：①为什么阿里巴巴能抓到这么多牌？这么多年下来，你抓到什么牌呢？②为什么创始人口口声声不喜欢的职业经理人，后来却成了他的接班人？

（4）领导力＝有结果。2008年初我负责组织了两天阿里巴巴的领导力讨论。

当时的背景是阿里巴巴从2001年开始用"六脉神剑"（共六条，30句描述）对员工进行季度价值观考核。不对干部考核，估计是因为那个时候公司也没多少总监。

2007年阿里巴巴把高级总监以上的人划分为组织部成员，在当时集团和七家公司共有80多位。普通员工有"六脉神剑"，那组织部成员用什么呢？

为这事，我们还前后接触了六家大牌咨询公司。接触下来没有让我们满意的。我们决定自己搞。

在杭州天都城，我们把全国各地的组织部成员组织起来，从早到晚，打了一天的真人CS。平时很多人也不熟悉，这次分成8个小组，分了蓝军和红军，大家都玩得很开心。这算是热了身。

第二天我们开始进入议题。首先是宣布阿里巴巴创始人从早上8:00到下午5:00不准发言。他的发言时间是下午5:00～6:00。接着是请曾鸣给我们做一小时的战略分享，讲一讲电子商务的未来，主要说了基础设施的构想。

从上午9:00到下午2:00，8个小组进行独立讨论，回答两个题目：

a)"六脉神剑"是否适用于组织部干部？需要如何修改？

b) 除了"六脉神剑"外，为实现公司未来战略，对组织部干部还应该有什么要求？提1～3条。

模块 +1 领导力

下午汇报2点开始，8个小组汇报他们各自精彩的想法，也有各种搞笑的段子。下午5点到6点是阿里巴巴创始人的时间，他把他对领导力的看法和大家做了分享。有了这些素材之后，接着后面的几个周末，阿里巴巴创始人和7个CEO在一起碰，并最终定稿。

这就是九阳真经，即除了"六脉神剑"之外，还增加了三条新的要求："眼光""胸怀"和"超越伯乐"。共9条，27句描述。

举例，对"眼光"的三句描述：

> 会看，看到别人没有看到的机会，防止灾难。
> 会Sell，让大家参与进来。
> 有结果。

关于第1句，蔡崇信说不能只看见机会，还要看得见危险。所以第1条多了"防止灾难"。第2句的意思是不能只有自己看见，还要让你的团队也能看见。

本来谈眼光是看未来，是讲愿景的事，而阿里巴巴创始人却硬生生地强调必须要有结果。所以第3句一下子从天到地："有结果！"阿里巴巴创始人提的这三个字直击要害，给我留下了深刻的印象。

希望这个例子能给你们一些启发。

最后我们总结一下这一模块：

- 领导力是执行力层面最重要的一环，是最后那一推，是临门的那一脚。

- 领导力是通过他人实现组织目标的能力。
- 领导力是人际关系,有领导者和追随者两个巴掌。
- 公司的成功是靠团队、靠大家,公司出问题是因为主席台(前三排)。
- 前面 13 个模块做得好与坏,都体现了我们的领导力水平。
- 领导力的基础:一分钟目标,一分钟表扬,一分钟批评。
- 领导力 = 尊重 × 信任;其中,尊重源于你的专业和经验,信任源于你对团队的关心和重视程度。
- "13+1"式领导力:感性 + 理性 + 人性 + 要性。
- CEC 和班子要一起讨论制定班子的游戏规则。
- CEC 和班子在一起要坦诚。
- 领导力就是要有结果。

下一章是我们这本书的最后一章"开始做吧",将会再给读者一些应用的建议和提醒。

动手做

1. CEO 需要思考：是否知道自己的长处和短处？是否知道 Top10 里每个人的长处和短处？

   _____

   _____

   _____

   _____

   _____

2. CEO 在组建团队方面，对现有 Top10 成员有哪些满意的地方？有哪些不满意的地方？还需要什么样的伙伴，特别是和自己互补的？

   _____

   _____

   _____

   _____

   _____

3. 看过去：CEO 和 Top10 一起回顾公司历史上优秀的班子成员，他们具有哪些特质？

4. 看未来：CEO 和 Top10 一起讨论，为实现公司的十年愿景、三年规划和一年 1～3 件事，我们需要对 Top10 制定什么样的规矩（游戏规则）？

5. Top10 一起讨论：如何做到坦诚？

6. 坚持定期、不定期组织 Top10 的团建（非正式交流）。

执行力层面
小　结

至此，我们已经学习完"13+1"的所有模块，我们手里应该有14件工具了。

除了使命、愿景、价值观、战略、三年规划、一年1～3件事、架构、KPI、计划、激励，增加了：

第11件：沟通，通过一年52次抓中箭头的进度，来实现我们三年规划和一年1～3件事两个大箭头。

第12件：考核，每一个阶段（季度、半年、年）总结一下Top10、Top100的工作表现，并兑现奖罚。

第13件：人才盘点，每年CEO和Top10都要梳理一下自己手里的52张牌，围绕人进行讨论和规划。

第"+1"件：领导力，CEO和Top10的一言一行决定着公司的成败。通过学习和成长，以及制定班子的游戏规则，我们可以成为更好的管理者。

拎一拎：沟通、考核、人才盘点、领导力

- 第一个层面是_____层面，包括_____（模块 1）、_____（模块 2）、_____（模块 3）。

- 第二个层面是_____层面，包括_____（模块 4）、_____（模块 5）、_____（模块 6）。

- 第三个层面是_____层面，包括_____（模块 7）、_____（模块 8）、_____（模块 9）、_____（模块 10）。

- 第四个层面是_____层面，包括_____（模块 11）、_____（模块 12）、_____（模块 13）、_____（模块 +1）。

- 沟通：执行就是要_____。过程管理是追求__变到__变。例会比喻为____。

- 考核：评价员工，并把他们分为 A__%，B__%，C__% 三种。考核就是要愿__服__。我们要为_____鼓掌，为_____买单。

- 人才盘点：通过____做____，通过____看____。盘点三种人：_____、_____、_____。看人要看四个方面_____、_____、_____、_____。

- 领导力：一分钟经理人，包括 1 分钟_____，1 分钟_____，1 分钟_____。领导力 =____X____。

答案：

- 精神 / 使命 / 愿景 / 价值观
- 商业 / 战略 / 三年规划 / 一年 1～3 件事
- 组织保障 / 架构 / KPI / 计划 / 激励
- 执行力 / 沟通 / 考核 / 人才盘点 / 领导力
- 拿结果 / 量 / 质 / 枕木
- 20 / 70 / 10 / 赌 / 输 / 过程 / 结果
- 人 / 事 / 事 / 人 / 直接下级 / 下下级的前 20% 和后 10% / 专业明星 / 心 / 脑 / 手 / 钱包
- 目标 / 表扬 / 批评 / 尊重 / 信任

结语

开始做吧

前面我们已经学习完"13+1"所有的内容了。这里我想再讲两个话题：

- 要做哪1～2件事？
- 管理的机会和挑战。

要做哪1～2件事

至此，我们已经学习完全部四个层面，"13+1"个模块。这个过程，就相当于把我们的整个管理体系梳理了一遍，做了一次体检。

如果每个模块满分10分的话，满分就是140分。这140分还可以代表着我们每个模块里学到的知识点。

还记得在第1模块，我给"13+1"定的使命吗？

用最简单的语言，把最核心的管理要点，串起来说清楚；统一企业CEO和Top10的管理语言，提升效率；
促进CEO和Top10对企业的体系化思考，并聚焦再聚焦；提升CEO和Top10的管理信心，最终提升企业的业绩。

希望到这里，你觉得是"13+1"的确达成了这样的使命。

结语　开始做吧

我们每次在莫干山上课，就是通过三天两夜，去帮助每家公司达到这样的成效。希望各位能够通过和你们公司的 CEO 和 Top10 一起学习和讨论这本书中的内容，也能达到这样的成效，从松松土开始，然后趁热打铁。

特别是，如果你能按照最前面"13+1 适合谁以及如何学"部分介绍的三个阶段去做的话。

其中，最值钱的就是你们 CEO 和 Top10 一起的内部讨论，借假修真。

在本书开始第 1 个模块之前，我曾请你把自己最关心、最迫切的，有关战略＞组织＞人的具体问题写下来。不知道到了现在，通过对"13+1"的学习，你找到问题的答案了吗？

上课时，绝大多数人，学到这里，就没有什么问题了。基本都是要急着继续在内部开会讨论，要行动的。也有个别会来继续和我探讨的，不过偏纠结的居多。

学完"13+1"之后，接着要做什么呢？

当然是去实践了，毕竟实践出真知。"13+1"只有能用且好用才值得去学。要不然我们就是在浪费时间了。

在一开始时我说过：我的责任就是要说清楚，要人人都能懂。没有懂不懂，只有做不做。

我还说过："13+1"全是讲基础，是管理的ABC。但是能做好的公司还是少之又少。因为从知到做，还有很多路，还得一步步地走！

那如何做呢？

（1）找到适合自己的方法。

我在嘉御基金工作时，曾把"13+1"介绍给了中农网。他们的CEO孙炜先生说，"13+1"还是挺复杂的，我把它简化为"47101"。即：

4：每年4月1日各子公司开始人才盘点

7：每年7月1日各子公司开始战略复盘

10：每年10月1日各子公司开始做计划

1：每年1月1日各子公司开始做考核

这个多有意思啊！这样每个公司除了每个季度抓业务主题之外，每年还有四个季度主题，一纵一横！牛啊！

所以一把锁，需要一把钥匙，找到最适合你的方法，借假修真。

结语　开始做吧

（2）把握好时间和节奏。

农民的生产工作最能说明时间和节奏。

他们要按照春、夏、秋、冬来安排工作，不同的节气做不同的事。果实是用一滴滴汗水、一天天辛苦换来的。不可能春天忘了播种，等到明天要秋收了，今晚加个班就能一蹴而就的。

管理也是，我们得计划好，然后一步步做起来。现在我们知道了"13+1"有四个层面，知道了每个模块是年度、半年度、季度、月度以及每周的工作，那就做好安排。比如：上半年盘点人（一手抓人），下半年盘点战略（一手抓事）。

打高尔夫最讲节奏，乱了手脚，慌慌张张肯定得输。管理也是要讲时间、讲节奏。

（3）每次只抓1～2件事。

"13+1"体系内的每个模块都重要。每个模块都值得你至少花三天、五天、一周，甚至更长时间去思考、去讨论、去试错、去完善。

但你学完之后，不能一下子都抓，不能全面开花。

先全部过一遍，最后要做下面这个决定：

学完"13+1"，从____年____月到____年____月（未来三个月），我们打算做以下1～2件事：

a)_____

b)_____

管理的机会和挑战

前面说过,如果每个模块满分 10 分的话,那么这个管理的体检满分是 140 分。

但如果每个模块只是一个个完全独立的,那也就最多只值 140 分。可是我们知道,模块与模块之间是要有机地联系起来的。

比如:愿景是我们追求使命,十年后会到达的那个点;价值观是为实现使命制定的游戏规则;三年规划和一年 1~3 件事都是瞄准十年愿景的;而架构、KPI 都是瞄准三年规划和一年 1~3 件事的。没有把 KPI 变成计划,那么中箭头的会就没法开,等等。

所以,管理需要的是一个合力。就像篮球运动员在比赛时,要调动整个身体各个部分,心在恐慌圈和挑战圈里紧张着,手在出着汗,还要眼看六路,耳听八方,大脑在思考盘算,腿和脚都不能停,要调动全身各部分积极参与。

这样看四个层面就不应该是简单的加法,而是有机的乘法:

精神层面 × 商业层面 × 组织保障层面 × 执行力层面
30 分 × 30 分 × 40 分 × 40 分 = 144 万分

另外还有人的因素:在班子里,从一个人搞明白,到一个班子都搞明白,说一样的语言,十个人的合力,朝着一个方向使劲,得到分数应该再乘以 10!

所以各位学会了这"13+1"招,有了这四层功夫,经过每年、每

结语　开始做吧

季、每月、每周，周而复始地打磨，打造出自己的感觉和特色来，然后不断充实和完善，你的公司自然而然地就能成为你行业里那个 Top20，Top10，甚至 Top5！

管理是永远的蓝海！我非常同意孙振耀老师的这句话。

在管理上，从做到 140 分，到 144 万分，就是留给我们的机会和挑战！

祝各位在 "13+1" 的学习和实践中一切顺利！愿 "13+1" 能帮你们提升管理信心，提升公司的业绩！

谢谢！

黄　旭

2020 年 3 月于蒙特利尔

附　录

CEO 和 Top10 的权重和主要任务

	一、精神层面		
使命 （模块1）	CEO：占 70% ● 确定公司的使命 ● 每年回顾一次 ● 宣传和使用		Top10：占 30% ● 辅助确定公司的使命 ● 宣传和使用
愿景 （模块2）	CEO：占 70% ● 确定公司的愿景 ● 每年回顾一次 ● 宣传和使用		Top10：占 30% ● 辅助确定公司的愿景 ● 宣传和使用
价值观 （模块3）	CEO：占 50% ● 和 Top10 一起确定公司的价值观 ● 每年回顾一次 ● 宣传和使用 ● Top10 的季度"271"		Top10：占 50% ● 和 CEO 一起确定公司的价值观 ● 每年回顾一次 ● 宣传和使用 ● Top100 的季度"271"
	二、商业层面		
战略 （模块4）	CEO：占 70% ● 每年组织召开战略讨论会 ● 季度复盘 ● 经常思考，365 天弦不能松 ● 永远关注客户和竞争		Top10：占 30% ● 辅助 CEO 组织召开每年的战略讨论会 ● 辅助 CEO 进行季度复盘 ● 永远关注客户和竞争

附　录　CEO 和 Top10 的权重和主要任务

（续）

	二、商业层面	
三年规划 （模块 5）	CEO：占 70% ● 每年制订三年滚动计划 ● 季度复盘 ● 经常思考"三块肉"，特别是衔接和递进关系	Top10：占 30% ● 辅助 CEO 制订三年滚动计划 ● 辅助 CEO 进行季度复盘
一年 1～3 件事 （模块 6）	CEO：占 70% ● 每年制订一年的 1～3 件事 ● 季度复盘	Top10：占 30% ● 辅助 CEO 制订一年的 1～3 件事 ● 辅助 CEO 进行季度复盘
	三、组织保障层面	
架构 （模块 7）	CEO：占 70% ● 每年根据对战略的思考和对 Top10 的了解，确定此时此刻实现三年规划和一年 1～3 件事的最合适的架构 ● 把合适的人放在合适的位置上 ● 季度复盘，按需调整	Top10：占 30% ● 和 CEO 沟通自己的建议，找到最能贡献自己特长和最被需要的位置
KPI （模块 8）	CEO：占 50% ● 每年确定 Top10 每个人的 1～3 件事（中箭头） ● 季度复盘，按需调整 ● 班子（CEO 和 Top10）成员之间大箭头、中箭头公开透明	Top10：占 50% ● 和 CEO 沟通，确定每年自己负责岗位的 1～3 件事（中箭头） ● 中箭头瞄准三年规划、一年 1～3 件事
计划 （模块 9）	CEO：占 30% ● 逐个听 Top10 的计划汇报，并反馈意见 ● 协调资源确保重点	Top10：占 70% ● 和团队（Top100）沟通和制订计划，并向 CEO 和 Top10 其他成员汇报 ● 帮助团队（Top100）制订他们每个人的一年 1～3 件事（小箭头），确保小箭头之和大于等于自己的中箭头 ● HR 和财务两个业务伙伴应积极参与
激励 （模块 10）	CEO：占 50% ● 规划激励资源，确保瞄准三年规划和一年 1～3 件事 ● 和 Top10 讨论确定未来 1～3 年，甚至更长的激励方案	Top10：占 50% ● 和 CEO 沟通 Top100 的激励思路和需求，制订 Top100 的未来 1～3 年的激励方案

（续）

	四、执行力层面	
沟通 （模块 11）	CEO：占 30% ● 每周跟进 Top10 的中箭头进展，及时坦诚地沟通和反馈 ● 不定期组织非正式交流活动	Top10：占 70% ● 每周 Top100 的小箭头会议 ● 每周 Top10 的中箭头会议，目标是支持 CEO 的三年规划和一年 1～3 件事（两个大箭头） ● 坦诚沟通和反馈 ● 组织 Top100 的非正式交流活动
考核 （模块 12）	CEO：占 50% ● 每季度进行 Top10 的"271"排序 ● 每季度和 Top10 过 Top100 的"271"排名 ● 每半年或一年进行 Top10 的绩效考核，包括兑现激励和面谈	Top10：占 50% ● 每季度进行部门 Top100 的"271"排序，并和 CEO 一起沟通确认 ● 每季度、每半年或一年进行 Top100 的绩效考核，包括兑现激励和面谈
人才盘点 （模块 13）	CEO：占 30% ● 平时关注自己的三手 52 张牌 ● 一年一次，和 Top10 逐个过他们手里的三手牌，并制订行动计划 ● 根据需要调整人员	Top10：占 70% ● 平时关注自己的三手 52 张牌 ● 花足够的时间，准备年度人才盘点 ● 每年一次，向 CEO 正式汇报自己的牌，并制订行动计划 ● 根据需要调整人员
领导力 （模块 +1）	CEO：占 70% ● 和 Top10 讨论，并确定对班子（CEO 和 Top10）的游戏规则 ● 平时按此标准要求自己和 Top10 ● 每年复盘一次内容 ● 绩效评估时以此评价 Top10 ● 每年考虑 Top10 成员的组成和状态，思考如何调整和达到更好的状态	Top10：占 30% ● 和 CEO 一起讨论班子游戏规则 ● 平时按此标准要求自己

赞　誉

（按姓氏拼音顺序）

陈宝华　广东大普通信股份公司董事长

通过参加黄旭老师的"13+1"课程，我们从中切实领悟到什么是真知灼见。他首先引导我们如何有效构建和再次明确企业的使命、愿景以及价值观，并使之深入企业的DNA；其次为我们讲解了如何确定战略、制订三年规划，并通过一年1～3件事让管理层统一思想、目标和行动；然后引导我们进行有效的组织架构设计、KPI设计、人才盘点和规划、激励方案设计等，使组织能力能够匹配业务的发展；最后引导我们进行有效沟通、提升领导力、加强战略执行，使战略能够最终落地。黄旭老师的"13+1"课程理论上高屋建瓴、深入浅出，又能通过案例切入实际，这让我们可以切实掌握何谓实战见真章，对于在快速发展阶段中的企业大有裨益。

陈永辉　广州玄武科技董事长

黄旭老师的"13+1"高度概括了公司经营的全视图，特别是一年三件事，简洁聚焦易落地。

13+1 体系
打造持续健康的组织

储德群　美特好集团董事长　全球蛙电子商务公司董事长

战略、组织、执行是企业管理的三大难题！"13+1"简单易懂，却效果非凡！这是一个涵盖了企业经营发展整体架构和骨骼脉络的集成式管理抓手，"13+1"体系现在是美特好·全球蛙统一的管理语言！这套体系也是我们业务发展的核心保障！

随着我们企业的实践应用，我们把"高效能人士的执行4原则"补充到"13-1模块"的8、9、10、11那四条里面，将其有机整合起来。慢慢地，这套方法论在美特好·全球蛙引发了"魔法效应"，人还是那些人，但经过我们前中后台的组织变革、高效执行四原则、五大目标激励等对"13+1"的深度应用实践，组织变得更加敏捷高效了。

自2014年与"13+1"结缘以来，我们就开始重点抓人才管理、组织变革和企业文化，打造了一支具有强大意志力、凝聚力和战斗力的钢铁团队，在2020年的疫情危机中，我们的管理力、组织力和文化力都在组织中展现出来了！

我想不仅对于我的企业，对于任何组织或者企业来说，这本书都是最好的礼物。它能帮助各级管理者把战略目标执行到完美状态，充分验证了管理是永远的蓝海。感谢黄老师和领教工坊的朋友们，你们破解了企业管理的密码！

大龙宽 Joy Master 创始人

黄旭老师带着"13+1"就像背着独孤九剑走天下的大侠，不复杂但是功力深厚。"13+1"能把企业管理中的组织关系拎清楚，在上下逻辑、组织功能、战略与人、人与事情等方面都可以迅速建立体系，是企业发展管理当中好用、易用的系统。

赞　誉

刘润　润米咨询　创始人

黄旭老师总结的"13+1"体系完整，独树一帜，令人很受启发。这种管理方式，细细品味，真是太有意思了。非常感谢黄旭老师的深刻剖析。

罗大铖　宁波麦思动力系统有限公司董事长

通过对"13+1"模块的学习，用一张图清晰地表明企业运作的逻辑关系，感觉比上 MBA 更容易明白其中的道理。

罗永忠　川润股份董事长

黄旭老师的"13+1"课程，是一门涵盖了企业经营发展整体架构和骨骼脉络的课程，黄旭老师抽丝剥茧、深入浅出地给我们讲述了从精神层面的使命、愿景、价值观，到商业层面的战略、三年路径、一年1～3件事，到组织保障层面的架构、KPI、计划、激励（钱包），再到执行力层面的沟通、考核、人才盘点和领导力等方面的知识。

"13+1"让我们深刻理解了企业经营发展背后的逻辑和 14 个模块之间相互支撑的关系，也让我们看到了自己在经营管理中存在的疑点、盲点，把我们的认知更完整地串起来，帮助我们构建了团队共识语言，是值得老板与公司高级管理者共同学习的好课程。

秦敏聪　大兴汽车集团董事长

在参与的过程中，我发现特训营的"13+1"课程是我见过的最完善的助力打造和落地企业文化的体系！

隋政军　木屋烧烤创始人

黄旭老师的"13+1"是我接触到的，对企业战略从制定到落地执行最简单、最清晰、最有效的解释框架和落地执行方法论！我已经将其在木屋烧烤内落地执行，这套方法论对公司的战略梳理、组织重构、业绩提升起到了重要作用！

王泉庚　时朗企业发展（上海）有限公司董事长，美特斯邦威原董事总裁，好孩子商贸集团原执行董事及 CEO

我请黄旭老师来为我们时尚私董会企业家做了"13+1"课程分享，组员们听了都很满意。该课程系统、简单、实用，把企业经营最重要的三大支柱战略、组织和人才都匹配了起来，提炼出了从战略到执行落地中最关键的 14 个要素，形成了一个系统，非常简单直接，通俗易懂。这 14 个要素来源于黄旭老师 20 年 HR、运营、投资的实践经验总结，因此特别实用有效。

王兴维　心医国际董事长

黄旭老师的"13+1"课程，给我们展示了一个持续健康组织的系统的框架体系。从精神层面、商业层面、组织保障层面和执行力层面，从上至下，从大到小，从远至近，一环扣一环地讲解，逻辑非常清楚。这些内容看起来简单基础，我们或多或少都知道其中一些模块的概念，甚至也接受过很多模块的纵深学习，但即使这么基础，能做好的公司却依然很少。

经过对这门课程的学习，我们不仅掌握了一些行之有效的管理工具和操作方法，更重要的是有了更多管理层的共识和反思。我们开始真正认真地对待我们的使命、愿景和价值观，它们不再是贴在墙上的口号，而是真正融入了我们的骨子里、血液里。尤其是"10 年后我们公司要干成什么样子"这个命题把我们之前空远的愿景更加具象化为 4 个 1；一年 1～3 件事把我们拉回了当下，对我们最大的触动和改进是聚焦、舍弃。黄老师说："有能力提 1 件，其次 2 件，最多 3 件，不仅是公司

赞　誉

1年只提1～3件事情，我们每一个管理者也应如此。"

卫哲　嘉御基金创始合伙人兼董事长，阿里巴巴前CEO

认识黄旭15年了，早在我担任百安居CEO时期，就想挖黄旭来担任HR负责人，未遂。去了阿里巴巴再挖，成功了。创建嘉御基金后，黄旭成了我们第一批合伙人。不同于其他人力资源专家的科班出身，黄旭是业务起家，热爱业务，提出的方法论更接地气，可操作性强。这次他把组织能力的建设著书概括为"13+1"，就非常通俗易懂可执行。"13+1"这门课是我们所投资企业里最受欢迎的一门人力资源课，也被很多商学院和管理讲堂的企业家广为称颂。

这"13+1"件事，很多管理案例和管理著作中也提到了，但黄旭首次把次序梳理准确了，把各件事儿之间的逻辑关系讲明了，这才是这本书可操作性强的真正原因。无论企业规模大小，人力资源和组织建设永远是第一位的，相信黄旭的新书能帮助不同阶段的企业的管理者提高组织力，提高领导力。

肖知兴　著名管理学者　领教工坊学术委员会主席

管理从理论到实践隔着两个太平洋。黄旭老师的"13+1"是一套融汇了理论和实践的、真正实现了知行贯通的、非常适合中国本土企业的方法论。多年以来，这套方法论在领教工坊深受广大企业家的欢迎，提升了一大批企业家的管理实操水平。

徐智勇　武汉盛大长青投资有限公司CEO

通过学习"13+1"，我们公司扭转了组织内部各说各话的局面，大家对公司未来的发展方向与管理提升方向有了共识，从而改变了公司的整体氛围，运营效率得到了极大提升！

"13+1"也使我能从系统层面认识组织，通过制定有效策略提升组织管理能力！

原冰　全球蛙电子商务公司总裁

"13+1"是全球蛙的定海神针！从全球蛙成立第一天起，我们就有幸装上了"13+1"这套管理引擎，这套引擎在全球蛙发挥着巨大的作用！它既让我们立足长远，仰望天空，又让我们着眼当下，脚踏实地！

这套思维的宝贵之处在于让每个员工都具备了企业家思维，让他们知道这个伟大事业的意义；我们未来会对哪个行业有所贡献；我们应该和什么样的人一起去做这个伟大的事业；我们应该用什么策略和模式去达成这个美好的设想；五年后，我们的事业会做出一个什么景象；今年我们要做哪三件最重要的事能利于公司的发展；这些事应该配备怎样的组织；让谁来带领大家做；他需要具备怎样的领导力和执行力；他带团队怎么做计划，怎么管过程；做成以后怎么奖励？做不成怎么惩罚……保持组织旺盛的生产力，我们要定期体检和优化！

全球蛙每个员工都是"13+1"的践行者！感谢"13+1"的布道者黄老师让我们全体全球蛙人身心灵合一！未来，我们将一一演绎"13+1"的美丽画面，创造属于我们的奇迹！

周军　北京眼神科技有限公司创始人兼CEO

通过系统地学习黄老师的"13+1"课程，眼神科技各个体系的管理者对管理要素、管理边界、执行细则有了清晰的理解，形成了共同的认知。通过半年的落地实践，我们解决了之前各个体系协同效率不高的问题，极大地降低了会议和日常高频次沟通的时间成本，让公司员工的办事效率有了非常明显的提升。